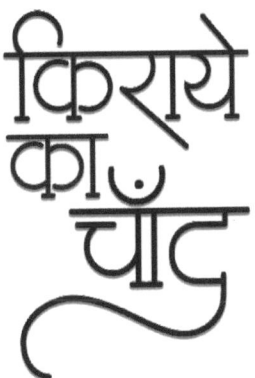

किराये का चाँद

AF077011

Amitbhanu

BlueRose ONE
Stories Matter

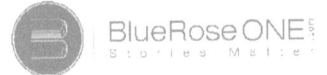

© **Amitbhanu 2023**

All rights reserved

All rights reserved by author. No part of this publication may be reproduced, stored in a retrieval system or transmitted in any form or by any means, electronic, mechanical, photocopying, recording or otherwise, without the prior permission of the author.

Although every precaution has been taken to verify the accuracy of the information contained herein, the author and publisher assume no responsibility for any errors or omissions. No liability is assumed for damages that may result from the use of information contained within.

First Published in April 2023

ISBN: 978-93-5741-553-8

E-ISBN: 978-93-93386-35-9

BLUEROSE PUBLISHERS

www.bluerosepublishers.com
info@bluerosepublishers.com
+91 8882 898 898

Cover Design:
Yash

Typographic Design:
Tanya Raj Upadhyay

Distributed by: BlueRose, Amazon, Flipkart

समर्पण

पहले मानव और मानवता की अक्षुण्ण जिजीविषा को समर्पित।

प्रस्तावना

कविताओं से मेरा सम्बन्ध उतना पीछे तक है जहाँ तक मेरी याददाश्त जाती है। पहली कविता कौन सी थी, याद नहीं लेकिन मित्रता उसका विषय अवश्य था, ये मुझे याद है। मैं अपनी पुरानी कविताएँ संग्रहित नहीं कर पाया और इस संकलन की कविताएँ हाल ही में रची गई हैं। मैं इन कविताओं को किसी एक विषय से तो नहीं बाँध सकता, लेकिन इसका मुख्य विषय आदमी और आदमीयता है। मानव जीवन के विभिन्न पक्षों व्यक्तिगत, सामाजिक, मनोवैज्ञानिक, दार्शनिक आदि से सरोकार रखती ये कविताएँ मेरे व्यक्तिगत अनुभवों पर आधारित हैं और किसी व्यक्ति या संस्था विशेष से इसका कोई प्रत्यक्ष संबंध नहीं है। मैं कविता के किसी भी पहलू में शास्त्रीयता या भाषाई उत्कृष्टता का दावा नहीं करता। हालाँकि कवि होने का दावा अवश्य करता हूँ (मैं भी कवि हूँ)। ये भी दावा करता हूँ कि कविताएँ आपको अच्छी लगेंगी। मैंने जो पढ़ा है, देखा है, जाना है, अनुभव किया है और समझा है, वही लिखा है और आपके अनुभवों और समझ से परे तो क़तई नहीं हैं। मैंने प्रयास किया है कि हिन्दी भाषा की मौलिकता बनाये रख सकूँ लेकिन 'त्रुटि ना हो', का प्रश्न अव्याहारिक है और बेहतर करने का प्रयास ज़रूर करूँगा। आपकी सलाह और सराहना शिरोधार्य है।

मैं कृतज्ञ हूँ ईश्वर का और ईश्वर समान माता-पिता का, जिनकी कृपा से मैं संभव हुआ।

मेरे सभी गुरुओं का आशीर्वाद मुझपे बना रहे, मेरी यही चरण वंदना है।

मेरा अभिन्न हिस्सा-निशा-कुकू-इक्षु से ही सारे शब्द सज पाए हैं।

और, अगर मित्र ना होते तो शब्दों में रस ना होता, इसलिए तमाम मित्रों को प्रेरणा और सहयोग हेतु मेरा सहृदय धन्यवाद।

मैं विशेष रूप से आभार व्यक्त करना चाहूँगा मैडम अमनप्रीत, आईआरएस का, जिन्होंने अपना बहुमूल्य समय निकाल कर मेरी कविताओं को पढ़ा और मेरी इस पुस्तक का प्राक्कथन लिखकर इसका मूल्यवर्धन किया।

प्राक्कथन

उस पड़ाव पे जाके,

हम आराम करेंगे,

खाली घर में ग़ैर- ज़रूरी काम करेंगे,

पर ध्यान रहे कोई काँच ना टूटे,

बस हाथ ना छूटे।

इन पंक्तियों का रस निचोड़कर अगर किसी शख्सियत के किरदार में झलके तो सचमुच जीवन आनंद से लबरेज़ हो जाए। अमित कुमार पांडेय जी की पहली कविता संग्रह "किराए का चाँद" के रूप में हमारे सामने है। यह इनकी पहली किताब है लेकिन इसको पढ़ने के बाद यह लगा कि वह एक अफ़सर होने के साथ-साथ एक तजुर्बेकार शख़्स, रिश्तों की जटिलता को समझने वाले, बेहद भावुक प्रवृति के एक बेजोड़ कवि हैं। 'कड़वा सच, 'सन्नाटे का शोर' जैसी कवितायें बहुत ही साधारण ढंग से एक गंभीर बात कहने की क्षमता रखती हैं। 'किराए का चाँद', 'उलझे मन के बोल' जैसी कवितायें आपको एक अलग ही यात्रा पे ले जायेंगी। 'बस हाथ ना छूटे' कविता एक बेहतरीन काबिल कविता है। इस कविताओं के गुलदस्ते को पढ़ते-पढ़ते कुछ ऐसी दिलचस्पी बन जाती है कि लगता है कवि आपसे कुछ बात कर रहा है। किसी कविता में आपको एक जिज्ञासा नज़र आएगी, तो किसी कविता में अकेलापन नज़र आएगा। कोई कविता लगेगी कि आपसे सवाल कर रही है तो किसी कविता में आपको सिर्फ़ प्रेम नज़र आयेगा।

अमित कुमार पांडेय जी २०१० बैच के IRS Officer हैं, आयकर विभाग में सेवाएँ देने के साथ-साथ, समाज के लोगों के लिए एक ऐसी किताब लेके आना बहुत बड़ी बात है। इतनी विस्तृत सहजता से हिन्दी में लिखी यह

कविताएँ बहुत ही सरलता से पाठकों के मन तक उतर जायेंगी। इसलिए, इस किताब के बारे में मैं इतना ही कहना चाहूंगी कि बस लीजिए और पढ़ जाइए।

बहुत बहुत शुभकामनाएँ अमित कुमार पांडेय जी।

अमनप्रीत, आईआरएस
अपर आयकर आयुक्त

अमनप्रीत, आईआरएस

अमन प्रीत, 2010 बैच की आईआरएस अफसर हैं जो वर्तमान में आयकर विभाग, गुरुग्राम में संयुक्त निदेशक के पद पर कार्यरत हैं। आयकर विभाग में अपनी सेवाएं देने के साथ-साथ अमन-प्रीत ने काफी अहम पदों पर अपनी सशक्त अफसर की भूमिका को बखूबी निभाया है जिसमें वो राज्य चुनावों के चुनाव आयोग में एक्सपेंडिचर आब्जर्वर भी रह चुकी हैं। अमन-प्रीत का जितना सशक्त व्यक्तित्व अपने कार्यक्षेत्र में है तो ठीक वैसे ही उनका एक चेहरा ऐसा भी है जिसने गरीब, बेसहारा और असहाय लोगों के मन को इस कदर खुशियों से भरा है जैसे कड़ाके की सर्दी में खिली हुई धूप आनंदित करती है। जब सारा देश कोविड से दो-दो हाथ कर रहा था और इस उधेड़बुन में था कि कैसे अपनी जान बचाई जा सके तब तांडव करती मौत के उस काल में अमन-प्रीत ठीक उस सर्दी की धूप के जैसे लाखों लोगों की उम्मीद की किरण बनकर नई ऊर्जा प्रदान कर रही थी। अपने तमाम सहयोगियों की मदद से, दोस्तों की दोस्ती से और अनेक एनजीओ की मदद से देश के दुर्गम इलाकों तक 21 लाख महिलाओं को मुफ्त में सैनिटरी पैड्स का डिस्ट्रीब्यूशन कर समाजसेवा का ऐसा

उदाहरण पेश किया जो कभी दोहराया नहीं जा सकता। अमन-प्रीत ने झुग्गी झोपड़ी से लेकर रेड लाइट इलाके, सड़के-गलियां, हर जगह पैड्स का वितरण किया क्योंकि उनके मुताबिक स्वच्छ शरीर ही निरोगी काया का निर्माण करता है। अमन-प्रीत ने दुनिया के सबसे बड़े कोविड सेंटर 'राधा स्वामी सत्संग ब्यास' छतरपुर में शरीर को स्वच्छ रखने वाले सामान की हजारों किट्स बांटी। 22 मई 2022 को पांचजन्य की 75वीं वर्षगांठ की बेला पर हरियाणा के माननीय मुख्यमंत्री मनोहर लाल खट्टर ने अमन-प्रीत को "दिल्ली की शान" खिताब से नवाज़ा। अमन-प्रीत के समाज सेवा को समर्पित कार्य को ध्यान में रखते हुए केंद्रीय मंत्री माननीय हरदीप सिंह पूरी ने भी उन्हें अवार्ड देकर सम्मानित किया और इसके साथ ही दिल्ली महिला आयोग ने भी उनके अविस्मरणीय समाज सेवा कार्य को सराहने के लिए उन्हें सम्मानित किया। भारत युवा अवार्ड कार्यक्रम में केंद्रीय मंत्री माननीय फग्गन सिंह कुलस्ते ने भी उन्हें सम्मानित किया। ऐसी शख्सियत का एक ही धर्म है मानव सेवा और एक ही कर्म है देश सेवा। और इसलिए अमन-प्रीत को लोग अधिकारी होने से ज्यादा "पैड वुमन" के नाम से जानते हैं।

बंद है बहुत कुछ अनन्त इन पन्नों में
अक्षरों में उसने मोती छुपा रखे हैं।

Amitbhanu

अनुक्रमणिका

किराये का चाँद 1

पकड़ के चाँद मुट्ठी में.. 3

कहाँ लगी है आग 4

ये कौन सा युग आया है 6

ये शब्द हैं.. 8

तुम नहीं तो कौन होगा.. 11

अपना मेल.. 12

हो सके तो लाना... 14

उलझे मन के बोल.. 16

वो लगभग चला गया था 18

तुम हो जाऊँ 20

बस हाथ ना छूटे 21

मन-मित्र कहाँ ढूँढ़ूँ 23

सन्नाटे का शोर.. 25

कुछ लोग चले जाते हैं दूर... 27

कवि ने लिखे 28

डर लगता है 29

पुराना समय.. 30

'मित्र' छुपा है.. 32

संघर्ष ही अंतिम शक्ति है 34

बात चली तो चल जाने दो 36

अपनी ही एक नई तस्वीर 38

हर बार तू ही जीते 40

प्रकाश-चोर	42
ख़्वाब सम्भालो	43
ये कैसा जीवन जीना है	45
कैसे जीतोगे	47
विमुख	49
कौन सा मैं	50
कड़वा सच	52
नया है क्या	54
ढूँढे कहाँ	56
अजी! मुस्कुराइए	57
मिथ्या अभिमान	59
सफर नहीं है आसान	60
कठिन समय	61
तुझे जाने दूँ	63
अपनी चिंता क्यूँ नहीं करता	64
स्वयम् का भान	65
जो मन में रखा है	66
मैं-तुम	67
पुण्य बँटेगा सब में कण-कण	68
कुछ सुनता कुछ कह जाता है	69
विवश मनुष्य	71
स्वयं प्रणेता	72
जीवन कैसे बनता है	74
आज फिर उलझे अपने आप से	75
कमी है क्या	76
तुम चुने हुए हो	77

दो लोग	79
कौन जीतेगा ये रण	81
दो बातें	83
जीत तो जाओगे	85
सूनी आँखें सूखे सपने	87
शून्य ही साक्षी होगा	89
पीछे मुड़कर देखोगे	91
आदमी 'आम' पैदा होता है	92
मुझे बेचैन रहने दे	95
कब तक आओगे तुम	96
कैसे अपना उपचार करें	98
अदा बदल के देख	100
छूटता सा जाता हूँ मैं	101
क्या मैं गाऊँ	102
आदान-प्रदान	103
जब चाँद धरा को छूना चाहे	104
मनुष्य है तू	105
एक नई दुनिया	106
ढूँढने हैं सबको	108
एक चिह्न लगाव का	109
हे मृत्यु	111
वो जी रहा होगा	113
वो खोया नहीं था	115
जब मैं अकेला नहीं होता	117
जब तुम जीत जाओगे	118
शहरों में "आदमी"	119

जो मर गए	120
तुम कैसे कर सकते हो	121
कई कुछ	123
अब तो बात बदलनी होगी	126
मैं करूँगा प्रेम	127
आप जो हैं	128
बिनानुभूति	129
हम भेष बदल के आयेंगे	131
बदले-बदले हम थे	132
वो कौन सी बात थी	134
आदमी और क़िस्मत	135
जब प्यार ही ना रहा	136
आदमी और पत्थर	138
नमक हूँ	139
सीढ़ियों पे जाते लोग	140
स्याह दुनिया	142
मोहब्बत के पैरोकार	143
अरे फ़क़ीरे अंदर झाँक	144
स रे आ म	145
कितनी दुनिया	146
आदमी और ऑफ़िस	148
सच की प्रतीक्षा	149
नज़र-नज़र की बात	150
ठीक होगा	151
मेरा सफ़र	152
क्या आशिक़ हो	153

जीवन की चाय	154
आदमी और युद्ध	155
ऋणी	157
ईश्वरविहीन	159
विवश	161
कितना कठिन है	162
आ गए	164
मन-बेमन	166
फेंके फूल	168
मीठा झूठ	169
तुम हो	171
हम वो नहीं	172
किसके लिए	173
आत्म-बोझ	175
चाहता हूँ	177
पराजित प्रेम	179
मन-विह्वल	181
काश कहीं	182
आदमी और फूल	183
प्रकट प्रकृति	185
आँखें	187
कैसे करें स्वीकार	189
दुखता सुख	191
जीव-शेष	193
चलो वो सब कुछ वापस लाएँ	195
तुम ही तो हो	197

कुछ ख़ास नहीं जो	199
बन्दर-विचार	201
यूँ ही नहीं	202
सब विशिष्ट	204
अंतर्मन का चोर	205
तर्कों के तीर	207
यूँ ही चलते-चलते	209
प्रयाण	211
अब बहुत हुआ	212
उम्मीद पाल रखी है	214
अमृत-फल	216
अन्यथा कहाँ मिलेगा	218
मनुष्य-जीवन	219
तुमको देखकर	221
कुण्ठा	222
कभी निकलो बाहर	224
छत का चाँद	226
तू चल	227
धार्मिकता की परिधि	228
हिंदी हिंदुस्तान हो तुम	230
ज़िंदगी और किताब	231
अखबार की लत्	232
तिनका-तिनका क्यूँ बाँटें	233
बुद्धिमान की तार्किकता	234
मौक़े-बेमौक़े	235
राह दोस्त है	236

निशाँ पानी पे	237
ज़िंदगी व्यापार है	238
हर आदमी शहंशाह है	239
जलना आता है बस उसको	240

किराये का चाँद

कड़वे घूँट हैं होते सच के
मिला के झूठ पिए जा
चाँद *किराये* पर ले के
अपने ख़्वाब जिए जा

क्या रक्खा है पछताने में
भूल हुई क्या कभी ना पहले
क्षत हृदय के अरमानों को
हाथों हाथ लिए जा
चाँद किराये पर ले के
अपने ख़्वाब जिए जा

चल की चाँद बुलाए तुमको
तारे ना भरमाएँ तुमको
जहाँ ना सोए सूरज एक पल
अपनी राह किए जा
चाँद किराये पर ले के
अपने ख़्वाब जिए जा

कल जिसकी कल सोच रहा था
वो ही है आया बनके आज
उठ जा फिर से ले अंगड़ाई
अब तो ना फिर कल पे टाल

बीते पल के दोष ना गिन
मरते पल ज़िंदा किए जा
चाँद किराये पर ले के
अपने ख़्वाब जिए जा।।

पकड़ के चाँद मुट्ठी में

पकड़ के चाँद मुट्ठी में
घटा से पूछता है
वो जुगनू है कहाँ
जो तारों से जूझता है

पी के प्रकाश सारा
अब बेचैन है
सूरज का पता अब
बादलों से पूछता है

ऐसे खोजता रहस्य
वो दिन-रात का
जला के देह को अपने
स्वयं को ढूँढता है

मरुस्थल में पड़ा है
छोड़ के सब मिल के पत्थर
बादल सा पता अपना
हवा से पूछता है

मिल जाए कोई
अपने जैसा राह का
ठहरा भी नहीं
अगले सफर की सोचता है।।

कहाँ लगी है आग

कहाँ लगी है
आग

आस-पास कि दूर कहीं
अन्दर या बाहर कहीं
तन-बदन या मन में
कहाँ लगी है
आग

फूलों और पत्थर में
या नदियों और समंदर में
हवा में या कि जल में
कहाँ लगी है
आग

नभ में और पाताल में
या गुफाओं और कन्दर में
धू-धू करते जंगल में
कहाँ लगी है
आग

खेतों और खलिहानों में
या माँझी के तानों में
अवतल उदरों के तल में
कहाँ लगी है
आग

तुम में मुझ में
या जन-जन में
धरती के कण-कण में
कहाँ लगी है
आग।।

ये कौन सा युग आया है

ये कौन सा युग आया है
बाहर है तीखा प्रकाश
अन्तः तिमिर छाया है
ये कौन सा युग आया है

होड़ लगी आगे जाने की
छद्म सिकंदर बन जाने की
टाँग खींचते हाथ बढ़ाते
किसका घाव बड़ा है
ये कौन सा युग आया है

प्यासी नदियाँ माँगे पानी
जलते जंगल आग दीवानी
बरसे अम्ल घटा से और
फसलों ने विष खाया है
ये कौन सा युग आया है

मद्धम सूरज बूझते तारे
धूल-धूसरित पर्वत सारे
लुप्त हवाएँ भूली रस्ता
मौसम गरमाया है
ये कौन सा युग आया है

मानव पे है मानव भारी
कौन से रण की ये तैयारी
जीत के सब कुछ हार है जाना
किसने क्या पाया है
कौन सा युग आया है
ये कौन सा युग आया है।।

ये शब्द हैं

ये चीटियों से दिखने वाले
'कुछ नहीं'
ये शब्द हैं
ये चलते-फिरते
साँसें लेते
उड़ने वाले शब्द हैं

ये दिखते हैं सोते पड़ते
पर हैं समाधि–लीन ये
जब जागते
ये हैं जगाते
ये जान भरते शब्द हैं

ये खोने वाले, पाने वाले
सर्वस्व तक लुटाने वाले
ये आहें भरते
आँखें मिचते
रोते–गाते शब्द हैं

ये शान्ति हैं और क्रांति भी
ये सत्य हैं और भ्रान्ति भी
ये भूले–भटके राही को
रस्ता दिखाते शब्द हैं

कभी शूल हैं तो फूल भी
कभी स्वर्ण हैं तो धूल भी
कभी रूठते
कभी मान जाते
कभी मनाने वाले शब्द हैं

ये दाग हैं तो आग भी
विरह गाते राग भी
तर्क करते
भाव भरते
ये चहचहाते शब्द हैं

कभी गांधी हैं तो कृष्ण भी
कभी हैं मधुर तो तीक्ष्ण भी
ये ज्ञान हैं
सम्मान हैं
ये मुक्तिदाता शब्द हैं

ये मूक-बधिर
वाचाल भी
ये गुप्त और पड़ताल भी
ये हैं दिशा और काल भी
ये जगमगाते शब्द हैं

ये चींटियों से दिखने वाले,
'कुछ नहीं'
ये शब्द हैं
ये चलते- फिरते
साँसें लेते
उड़ने वाले शब्द हैं।।

तुम नहीं तो कौन होगा

तुम नहीं तो कौन होगा
याद दिलाने को कि
मैं कौन हूँ

तुम नहीं तो कौन होगा
ये बताने को कि
और बेहतर हो सकता है

तुम नहीं तो कौन होगा
ये जताने को कि
हारना भी ठीक है

तुम नहीं तो कौन होगा
पकड़ने को हाथ कि
जब-जब मैं डरता हूँ

तुम नहीं तो कौन होगा
पहले हँसाने को कि
जब पल गंभीर होगा

तुम नहीं तो कौन होगा
सिर हिलाने को कि
हाँ सब ठीक होगा

तुम नहीं तो कौन होगा।।

अपना मेल

पानी तेल के नाते सा
था अपना मेल
कब अलग रहे
कब साथ चले
क्या खेले खेल
पानी तेल के नाते सा
था अपना मेल

मन में जो था
वो पड़ा रहा
यूँ ही जस का तस
जो बाहर आया
होंठों से बेरस बेमेल
पानी तेल के नाते सा
था अपना मेल

कुछ ऐसा था तेरा छूना
टूट गये बस बिखरे नहीं
तेरा होना था ना होना
बस बिछड़े नहीं
क्या खेले खेल
पानी तेल के नाते सा
था अपना मेल

बादल और हवा सा था
अपना साथ धुआँ सा था
प्यास तो थी बस बरसे नहीं
गुज़र गए मुझसे होकर
बस ठहरे नहीं
क्या खेले खेल

पानी तेल के नाते सा
था अपना मेल
कब अलग रहे
कब साथ चले
क्या खेले खेल।।

हो सके तो लाना

अगर कभी इस तरफ़ हो आना
हो सके तो लाना
वो भेंट की किताब
जिसके पहले पन्ने पे लिखा था
मेरा नाम
और अंतिम पन्ने पे लिखा था
तुम्हारा नाम

हो सके तो लाना
उसी बाग़ से एक फूल
जिससे सटे था
तुम्हारा ठिकाना
जहाँ हम गये थे कुछ भूल

अगर हो सके तो लाना
वो झूठा बहाना
जो बनाया था
अंत में
कि नहीं था निभाना

हो सके तो लाना
वो सारी चिट्ठियाँ
ढूँढूँगा मैं उनमें
अपनी सारी गलतियाँ

अगर इस तरफ़ हो आना
तो अबके भूल ना जाना
हो सके तो लाना
वो सब जो मैं ला ना पाया।।

उलझे मन के बोल

इतनी सुन्दर दुनिया के भी
लगते स्याह से सपने
अपने कभी पराये लगते
कभी पराये अपने
कोई बिके भी तो किस मोल
उलझे मन के बोल

पा चुका जिसे वो ख़ास नहीं
खोये का शोक मनाता है
मृग सा कस्तूरी खोजे है
जो नहीं मिला अनमोल
उलझे मन के बोल

मन की दुविधा मन ही जाने
जो दिखे उसे भी छुए तो जाने
हीरा फेंक के पानी में
रहा कंकड़ जेब टटोल
उलझे मन के बोल

सीधी रेखा में चलता जीवन
पर टेढ़े-मेढ़े चलते-चलते
संकट त्रिभुज बना डाला
अंदर फँस अब काना राजा
खोले अन्धों की पोल
उलझे मन के बोल

पत्थर में भगवान मिले
इंसानों में शैतान
बेच के धरती चाँद बसाए
चंदन फूँके राख बचाए
कैसा गड़बड़ झोल
उलझे मन के बोल

कर डाले मन-मस्तिष्क का मंथन
पर बुद्धि अमृत पा ना सके
सुलझी ना गुत्थी गाँठ बनी
मन बैठा दूर बजाए ढोल
उलझे मन के बोल।।

वो लगभग चला गया था

वो लगभग चला गया था
अपना तन-बदन लेकर
पर छोड़ गया
हिस्सा मन का
मन में तड़पन देकर

वो लगभग चला गया था
अपनी दुनिया में कहीं अलग
पर छोड़ गया
थोड़ी जगह
मन में मन का होकर

वो लगभग चला गया था
लौटकर ना आने को
पर छोड़ गया
झूठा पता
जो रह गया चिट्ठियों का होकर

वो लगभग चला गया था
वहाँ जहाँ रह सके
बस अपने लिए
पर पहुँचा आधा ही और
आधा रह गया यहाँ खोकर

वो लगभग चला गया था
लगभग
बचा-खुचा
वो
चला गया था।।

तुम हो जाऊँ

तुमको सोचूँ
सोच के ये
तुमसा हो जाऊँ

इतना सोचूँ
इतना कि बस
तुमको पाऊँ

तुमको पाकर
क्या मैं चाहूँ
बस इतना कि
तुम हो जाऊँ

रहे नहीं
तेरी भी इच्छा
अन्तर सारे पट जाएँ

ना कुछ सोचूँ
ना कुछ चाहूँ
बस तुझमें ही
बँट जाऊँ।।

बस हाथ ना छूटे

चलो चलें जहाँ तुम चाहो
मैं शब्द गढ़ूँ, तुम धुन गाओ
संगीत बने
पर ध्यान रहे
कि साँस ना टूटे
बस हाथ ना छूटे

एक किनारा तुम पकड़ो
एक छोर सम्भालूँ मैं
तनी रहे चादर जीवन की
डोर ना टूटे
बस हाथ ना छूटे

कुछ तुम भूलो
मैं याद दिलाऊँ
कुछ तुम माँगो
मैं कुछ लाऊँ
और तू रूठे
पर हाथ ना छूटे

मैं काँटे साफ करूँगा
और तुम फूल सजाना
मेढ़ें मैं बनाऊँगा
तुम बाग लगाना
पर ध्यान रहे
यूँ ही सूखी बरसात ना बीते
बस हाथ ना छूटे

उस पड़ाव पे जाके
हम आराम करेंगे
खाली घर में ग़ैर-ज़रूरी
काम करेंगे
पर ध्यान रहे
कोई काँच ना टूटे
बस हाथ ना छूटे।।

मन-मित्र कहाँ ढूँढूँ

एक किनारे दुनिया चलती
एक किनारे चलता मैं
बीच में सारी बातें बहती
खड़ा समय सब सुनता मौन
कहने को अपने मन की
मन-मित्र कहाँ ढूँढूँ
जहाँ किनारे मिल जाते
वो चित्र कहाँ ढूँढूँ

इस पार खड़ा जग हाथ लिए
उस पार पड़ा संसार
भाव-नाव डगमग डोले
उलझे कदम लाचार
ऐसे में जो हाथ थाम ले
वो मित्र कहाँ ढूँढूँ
वो चित्र कहाँ ढूँढूँ

सुख सारे संदूक भरे
दुःख से भरा आकाश
बढ़ती आपा-धापी में
हर प्रयत्न बेकार
इन्हीं क्षणों में जो ढाढस दे
वो मित्र कहाँ ढूँढूँ
वो चित्र कहाँ ढूँढूँ

तन तत्पर है किन्तु
भारहीन मन जन्तु
फिरे भटकता ओने-कोने
जैसे जीव घुमंतु
ऐसे खोए राहों में
मन-मित्र कहाँ ढूँढ़ूँ
वो चित्र कहाँ ढूँढ़ूँ

दिखता है पर
पल में ओझल
सूक्ष्म अज्ञान
पर अति-बोझिल
जो साकार हो हर ले भ्रम को
वो मन-मित्र कहाँ ढूँढ़ूँ
जहाँ किनारे मिल जाते
वो चित्र कहाँ ढूँढ़ूँ।।

सन्नाटे का शोर

सन्नाटे का शोर
आत्मा के कानों में गूँजता
और मेरा 'मैं' हठात्
करवट बदल लेता है
जैसे कुछ हुआ ही नहीं

सारे आवाज़ों की उपेक्षा
केवल एक ध्वनि के लिए
जो कानों तक पहुँचते-पहुँचते
दम तोड़ देती है
और मेरा 'मैं' हठात्
आँखें खोल देता है
जैसे कुछ सुन लिया हो

सब देखा-अनदेखा कर
दौड़ जाता है कोई
अपने ही सायों के पीछे
और छूट जाता है स्वयम्
और मेरा 'मैं' हठात्
पीछे मुड़ के देखता है
जैसे कुछ दिख गया हो

सारे वाद-विवाद से परे
वो एक द्वन्द का साक्षी है
मन-मस्तिष्क के तर्क-वितर्क
आत्मा की शान्ति को भंग करते
और मेरा 'मैं' हठात्
उठ के बैठ जाता है
जैसे खोया ही ना हो।।

कुछ लोग चले जाते हैं दूर

कुछ लोग चले जाते हैं दूर
और खुश रहते हैं
या खुश दिखते हैं
खुश करने को

कुछ लोग हो जाते हैं दूर
और बेसुध रहते हैं
व बेसुध दिखते हैं
बेसुध करने को।।

कवि ने लिखे

कवि ने कब लिखे
दुःख अपने
उसने तो देखे
बस सपने

कवि ने कब लिखा पूरा
उसने तो लिखे क़िस्से
कभी अधूरे मिलन
तो कभी आधे बिछड़न के

कवि ने कब लिखा सुख
उसने तो लिखे
विस्तृत विरोधाभास
अम्बार धन के और
ग़ुबार ग़म के

कवि ने कब लिखा सुकून
उसने तो लिखे कराहते शब्द
अपार विपदा के
तड़पती उम्मीद के और
उजड़ते चमन के।।

डर लगता है

लिखने को तो 'प्यार' मैं लिख दूँ
पर डर लगता है
पढ़ ना ले 'सरकार' कहीं
बस ये डर लगता है

कदम-कदम पे खेल रचे हैं
'उसने' खेल निराले
पैरों में हैं बेड़ियाँ
और मुख पे ताले

लिखने को 'तत्काल' मैं लिख दूँ
पर डर लगता है
कर ना दें 'हड़ताल' कहीं
बस ये डर लगता है

वही सिकन्दर, वही है पोरस
कौन है उनके सामने
वही न्याय और धीश वही
कहीं ना फाँसी टांग दे

लिखने को तो 'आग' मैं लिख दूँ
पर डर लगता है
जल जाए 'संसार' कहीं
बस ये डर लगता है।।

पुराना समय

पुराना समय
ऐसे तो कहाँ याद आता है
मगर जब भी कहीं
दिख जाता है
कोई 'पुराना दरवाज़ा' तो
याद आ जाता है 'पुराना घर'

पुराना घर और 'खप्पर की छत'
बरसात में छत से टपकता पानी
और याद आ जाते हैं 'पुराने लोग'
उनके सपने और उनकी निशानी

'पुराना समय'
ऐसे तो कहाँ याद आता है
मगर जब भी कहीं
दिख जाती है
कोई पगडण्डी तो
याद आ जाता है वो 'पुराना रस्ता'

पुराना रस्ता और 'पुराने पेड़'
साइकिल के पहिए का फिसलना
और पुराने पेड़ से लटकता वो झूला
वो बेतुक बातें और बेसंदर्भ कहानियाँ

इनमें से कोई नहीं है अब
सिवा उनकी यादों के
बस हम हैं
पगडंडियों से फिसले
झूले से लटके
लगता है अभी तक
संभल और लटक ही रहे हैं
'पुराना समय'
ऐसे तो कहाँ याद आता है।।

'मित्र' छुपा है

एक 'मित्र' छुपा है सबके भीतर
रह-रह आवाज़ लगाए
दुनिया ढूँढे उसको बाहर
वो अंदर धूनी रमाए

सही-गलत का भेद जहाँ
अति महीन हो जाए
जब अज्ञान हो ज्ञान पे हावी
कदम बहकते जाए
तभी वो धीरे से कुछ बोले
और सही समझाए
एक 'मित्र' छुपा है सबके भीतर
रह-रह आवाज़ लगाए
दुनिया उसको बाहर ढूँढे
वो अंदर धूनी रमाए

जब सपने खोने से लगते
अपने भी 'अपने' ना लगते
जब कोई भी बात ना बनती
ख़ुद से ही ख़ुद की है ठनती
उसके हाथ ही छूते कंधे
वो ही गले लगाए
एक 'मित्र' छुपा है सबके भीतर
रह-रह आवाज़ लगाए
दुनिया उसको बाहर ढूँढे
वो अंदर धूनी रमाए

जब मस्तिष्क शून्य हो जाए
मन की शक्ति खो जाए
कुआँ-खाई का चक्कर हो
कन्नी काटे परछाई
ऐसे में वो ईश्वर बन के
बेड़ा पार कराए
एक 'मित्र' छुपा है सबके भीतर
रह-रह आवाज़ लगाए
दुनिया ढूँढे उसको बाहर
वो अंदर धूनी रमाए।।

संघर्ष ही अंतिम शक्ति है

संघर्ष ही अंतिम शक्ति है
संघर्ष नहीं अवसान
संघर्ष नहीं रुकता है कभी
संघर्ष ही समाधान

जब चाहिए तो
संघर्ष करो
मिल जाए तो
विश्राम
मिल के भी अगर
पूरा ना मिले
संघर्ष करो

जब पूरा भी कम पड़ जाए
संघर्ष करो
अगर जीना है भरपूर
तो संघर्ष करो
अगर करना है कुछ काम
तो फिर संघर्ष करो

सबसे सरल संघर्ष है
सबसे कठिन प्रयाण
बस संघर्ष प्रासंगिक है
बाक़ी सब व्यवधान

जो रहना है इन्सान
तो फिर संघर्ष करो
बनो नहीं भगवान
अरे संघर्ष करो॥

बात चली तो चल जाने दो

बात चली तो चल जाने दो
महल झूठ का बन जाने दो
उमर झूठ की है ही कितनी
चार दिन
गुज़र जाने दो

आएगी जब अपनी बारी
तब हम सत्य दहाड़ेंगे
महल झूठ का धूल मिले
हम ऐसी ठोकर मारेंगे

खोटा सिक्का झूठ का
कब तक चले बाज़ार
चमक वहम है
छल है
पल में हो बेकार

परतों पे परतें बिछने दो
चेहरों पे चेहरे छिपने दो
होगा झूठ लाचार तब तलक
सच की बौछारें पड़ने दो

बात चली तो चल जाने दो
महल झूठ का बन जाने दो
उमर झूठ की है ही कितनी
चार दिन
गुज़र जाने दो।।

अपनी ही एक नई तस्वीर

अपनी ही एक नई तस्वीर
बनाता हूँ मैं
ज़िन्दगी के पृष्ठ पे
रंग भरता
अक़्सर ऊब जाता हूँ मैं
अपनी ही एक नई तस्वीर
बनाता हूँ मैं

जो रंग धुँधला गए हैं
उन्हें गहरा करता
जहाँ-जहाँ रह गया रिक्त
उन्हें भरता
अक़्सर झुंझलाता हूँ मैं
अपनी ही एक नई तस्वीर
बनाता हूँ मैं

पृष्ठभूमि के चित्र जो
रह-रह कर अपना स्थान खोजते
उन्हें सही स्थान देने की कोशिश करता
अक़्सर बौखला जाता हूँ मैं
अपनी ही एक नई तस्वीर
बनाता हूँ मैं

मुझे मेरा चेहरा ही
याद नहीं शायद
तभी तो अपना बनाते-बनाते
अपने चेहरे में तुम्हारी आँखें
गढ़ जाता हूँ मैं
अपनी ही एक नई तस्वीर
बनाता हूँ मैं

फिर भी कई कोने ख़ाली हैं
जगह बचा के रखी है
जिन्हें मैं नहीं भरता
बस जितना बिगड़ गया है
उन्हें ही दुबारा बनाता हूँ मैं
अपनी ही एक नई तस्वीर
बनाता हूँ मैं।।

हर बार तू ही जीते

हर बार तू ही जीते
ये शायद ना होगा
पर इस बार नहीं हारे
इतना सा जतन कर ले

कितना कुछ ना बना डाला
आख़िरकार लुटाने को
साबूत बचेगा
कौन है वो
अन्तिम आँसू बहाने को
उसको ही तो पा लेने का
चल अबके प्रण ले

सब भेद किए
सब पाठ पढ़े
सब सीख लिया
भूल जाने को
कौन सा मन्त्र है
सिवा 'प्रीत' के
उस पार तुझे ले जाने को
तो खोल के सारे बन्धन
चल उन्मुक्त उड़ ले

बांध गगन के आँचल से
पकड़ के चार दिशाओं के कोने
हवा मात्र भी रहे ना शेष
चल अनन्त सा हो ले

पर ध्यान रहे
हर बार तू ही जीते
ये शायद ना होगा
पर इस बार नहीं हारे
इतना सा जतन कर ले॥

प्रकाश-चोर

मैंने सबसे छोटे वाले कमरे के
कोने में
जलते हुए दीपक की
अंतिम लौ से
प्रकाश के अंतिम अवशेष
अपनी सबसे छोटी वाली
चोर जेब में
छिपा लिए कि
जब सपने से जागूँ
और चारों तरफ़
अन्धेरा ही अन्धेरा हो
तो वो चोर जेब खोल दूँ
और चुराईं हुई रोशनी से
उजाला कर दूँ
ऐसा उजाला जिसमें सब
साफ़-साफ़ दिख सके
पर वो चोर ना दिखे

जिसने वो प्रकाश-अंश चुराया था
यक़ीनन 'वो' मैं तो नहीं ही था
फिर कौन था
कहीं 'तुम' तो नहीं
कौन था वो
'प्रकाश-चोर'॥

ख़्वाब सम्भालो

ख़्वाब सम्भालो
कि नींद टूटने को है
रात भले बाक़ी हो
पर वक़्त बदलने को है

ये बेचैनी
कि इंतेज़ार ज़रूरी है
वो मिल तो गया
पर अभी अपना होने को है

ये अफ़सोस
कि कर गुज़रते
वो जो बुझा सा है
पर भभकने को है

ये बोझ
कि दिल भारी है
वो दूर ही सही
पर तड़पने को है

ये उदासी
कि कट जाएगी
वो रूठी क़िस्मत है
पर सँवरने को है

ख़्वाब सम्भालो
कि नींद टूटने को है
रात भले बाक़ी हो
पर वक़्त बदलने को है
ख़्वाब सम्भालो।।

ये कैसा जीवन जीना है

ये कैसा जीवन जीना है
छान के विष नहीं पीना है
तंग हाथों का साथ नहीं अब
मुझको मेरे संग चलना है
छान के विष नहीं पीना है

क्यूँ अपने अरमान ना सींचूँ
सपनों से आँखें क्यूँ मींचूँ
अब प्रतिकार सही करना है
छान के विष नहीं पीना है

मैंने पीछे जब-जब देखा
हीरे को कंकड़ बुझ फेंका
अब पश्चात् नहीं चलना है
छान के विष नहीं पीना है

मैंने थी जो रेखा खिंची
धुँधली शामें रातें फींकी
उन रातों की उन बातों में
मुझको सुबह नहीं करना है
छान के विष नहीं पीना है

क्यूँ गुज़रों की बाट निहारूँ
साथ हैं जो उनको ना सवारूँ
जो संग ना हो उसका होके
अब बेहाल नहीं होना है
छान के विष नहीं पीना है

चला गया जो दूर बिछड़ के
पतली वाली राह पकड़ के
चाँद समझ के उस बादल को
अब फिर और नहीं तकना है
ये कैसा जीवन जीना है
छान के विष नहीं पीना है।।

कैसे जीतोगे

कैसे जीतोगे उससे
जो हारा हुआ है
समन्दर वो था
अब किनारा हुआ है

बड़ा गर्व था
अपने होने पे उसको
महफ़िल का था
अब बेचारा हुआ है

किए नाक ऊँची
जो आँखें घुमा दी
मिटी सारी बस्ती
दियारा हुआ है

उजाला जहाँ था
वहाँ वो कहाँ था
अंधेरे को पाला
अँधियारा हुआ है

है कुछ साँस बाक़ी
तो खर्चे कहाँ पर
है कहने को ज़िन्दा
ख़ुद का मारा हुआ है

कैसे जीतोगे उससे
जो हारा हुआ है
समन्दर वो था
अब किनारा हुआ है।।

विमुख

जो विमुख है
वो अनभिज्ञ नहीं
भली-भाँति जानता है
सत्य को
असत्य को
कदाचित् पहचानता है

जो विमुख है
वो समर्पित है
अज्ञात के प्रति
प्रकट को
गुप्त को
शांतचित सम्भालता है

जो विमुख है
वो तृप्त है
स्वयम् से
बाहर से
भीतर से
आत्म को सँवारता है

जो विमुख है
वो अनभिज्ञ नहीं।।

कौन सा मैं

वो कौन सा मैं हूँ
कब का
अंतराल लम्बा है
अब वो बात कहाँ है
या भूल चुका
सब कल का
वो कौन सा मैं हूँ
कब का

कुछ पाठ पढ़े
कुछ गाँठ गढ़े
उलझ गए जीवन से
कहाँ गई सरलता
वो कौन सा मैं हूँ
कब का

फूँक-फूँक के
रखता पाँव
भरे नहीं अभी
कल के घाव
काम ना आई चपलता
वो कौन सा मैं हूँ
कब का

बोझ लिए सीने में
मौन पड़ा कोने में
अपने को ही ढूँढे वो
होने, 'ना-होने' में
कैसी ये विह्वलता
वो कौन सा मैं हूँ
कब का॥

कड़वा सच

कड़वा लगे जब
तो समझो कि सच है
भले काम आए ना
पर सच तो सच है

ये बग़लें ना झाँकें
ना आँखें हैं नीची
धक से जो लागे
तो समझो कि सच है

भले धूल फाँकें
पर झुकना ना जाने
जो कुछ भी ना माँगे
तो समझो कि सच है

ये ना फुसफुसाये
ये ना डगमगाये
जो ना गिड़गिड़ाए
तो समझो कि सच है

जो ना बात माने
मर-मिटने की ठाने
चले ना बहाने
तो समझो कि सच है

कड़वा लगे जब
तो समझो कि सच है
भले काम आए ना
पर सच तो सच है।।

नया है क्या

नया है क्या
हर पत्ता-पत्ता
मिला नहीं पर
जो था छूटा

बेख़ौफ़ जो था
अब सहमा क्यूँ है
भरा नहीं तो
कैसे फूटा

क्यूँ पहनी
तुमने विष-माला
रस्सी साँप है
ये भ्रम टूटा

डरता क्यूँ है
बीच में पड़के
वही है मेला
जहाँ था लुटा

कुछ भी कह
हर बात बेमानी
कोई सुने ना
तेरी कहानी
तिल का ताड़
सब झूठा-मूठा।।

ढूँढे कहाँ

ढूँढे कहाँ
है सब कुछ यहाँ
ख़ुदा बस नहीं है
वो खोया कहाँ।।

अजी! मुस्कुराइए

जब आप मुस्कुराते हैं
तो आप ख़ुद से
एक कदम आगे निकल जाते हैं
क्यूँकि आप छोड़ देते हैं
कई पूछे जा सकने वाले
लेकिन अनावश्यक सवाल

जब आप मुस्कुराते हैं
तो मिल जाते हैं उत्तर
कई अनुत्तरित प्रश्नों के
जब आप मुस्कुराते हैं
तो कई दुःख बदल जाते हैं
सुख में और दर्द सुकून में

जब आप मुस्कुरातें हैं
तो रास्ता बदल लेती हैं तकलीफ़ें
और मंज़िलें भी चल देती हैं
आपकी तरफ़
अजी! बड़े फ़ायदे हैं
मुस्कुराने के

सबसे असरदार और सस्ती
इसे क्यूँ बनाना इतना महँगा
बस बढ़-चढ़ के आज़माइये
अजी! मुस्कुराइये

ख़ुशी में या ग़म में
ज़्यादा में या कम में
तनिक ना हिचकिचाइए
अजी! मुस्कुराइए।।

मिथ्या अभिमान

अभिमान सही नहीं हो सकता
कतई किसी इन्सान का
धन का हो धर्म का हो
बल का हो या ज्ञान का
अभिमान सही नहीं हो सकता

तर्क की ताकत क्षणिक जीत दे
अर्थ की भी औकात क्या
शक्ति का सामर्थ्य भी चूके
करना फिर अभिमान क्या
अभिमान सही नहीं हो सकता

पंथ अगर नेक सभी के
तो फिर आपाधापी कैसी
अपने-अपने ईश्वर सबके
तब फिर धर्म की तुलना कैसी
ये ईश्वर के अपमान सा

अभिमान सही नहीं हो सकता
कतई किसी इन्सान का
धन का हो धर्म का हो
बल का हो या ज्ञान का
अभिमान सही नहीं हो सकता
कतई किसी इन्सान का।।

सफर नहीं है आसान

सफर नहीं है आसान
मुश्किलों से भरा हर कोना
ख़ाली आँखें तकतीं छत
काँटों सा चुभे बिछौना

करवट बदल-बदल के
थक चुका शरीर
सुन्न हैं सर पे पड़े हाथ
पैरों में लगी ज़ंजीर

पर सारी आशंकाओं पर भारी
स्थिर मति का होना
सारे संशयों का निवारण
आशाओं का जीवित होना

थक-थक के थक जाना ही
फिर से चलने की तैयारी
गिर-गिर के फिर उठ जाना
कि अबकी तेरी बारी

तो भार हटा मन-मस्तक से
देख फ़लक तक सीधा
सारी बाधा सारे विष-कष्ट
नीलकंठ सा पी जा।।

कठिन समय

समय कठिन है
कट जाएगा
सुख बाँटों
दुःख बँट जाएगा

समय रहा है
समय रहेगा
तेरा मेरा
मिट जाएगा

व्यर्थ की चिन्ता
व्यथा-विवेचन
जो घटना है
घट जाएगा

ईश्वर पूर्ण है
मनु अधूरा
"वो" जो लिखना है
लिख जाएगा

समय है बहता
तीव्र गति से
बचा ले करुणा
सब बह जाएगा

समय कठिन है
कट जाएगा
सुख बाँटों
दुःख बँट जाएगा
समय रहा है
समय रहेगा
तेरा मेरा
मिट जाएगा।।

तुझे जाने दूँ

इससे पहले कि
मैं तुझे जाने दूँ
कुछ ऐसा करूँ
कि तेरा दिल टूटे
तुझे बिछड़ने के बहाने दूँ

तू पलट के देख ना ले
कुछ ऐसी ख़ता करूँ
फिर से दिल ना लगाने दूँ

ये चूड़ी है ना फूल है
मेरा दिल है अब पत्थर
हटाता हूँ कि
ठोकर ना लगाने दूँ

गुज़र जाना जाते-जाते
उन उजड़े बगीचों से
बाद उसके वहाँ
बहार तक ना आने दूँ

ये मत समझ लेना कि
फिर से बसेगा कुछ
घर तो क्या वहाँ
अब झोपड़ी ना बनाने दूँ।।

अपनी चिंता क्यूँ नहीं करता

अपनी चिंता क्यूँ नहीं करता
जब देखो है खुला नयन पट
ताके झाँकें इस घट उस घट
रे मन ऐसा क्यों करता
अपनी चिंता क्यूँ नहीं करता

निर्बल सर पे दे-दे के बल
मीठे बोल अंदर है छल
क्या सबको ही ऐसे छलता
अपनी चिंता क्यूँ नहीं करता

गड्ढे खोदे काँटे बिखेरे
रस्ते तेरे टेढ़े-मेढ़े
गिरता पड़ता चलता
अपनी चिंता क्यूँ नहीं करता

किस पर क्या-क्या बीते
नीम बबूल क्यूँ सींचे
जो करता भरता
अपनी चिंता क्यूँ नहीं करता

कान छोड़ कौवे की सोचे
शेर देख क्यूँ खम्भा नोचे
रे मन ऐसा क्यूँ करता
अपनी चिंता क्यूँ नहीं करता।।

स्वयम् का भान

जब उपेक्षित चित्त हो
उतरो गहरे और गहरे
और स्वयम् का भान करो
पर गहराई का मान करो

वृहद् देख लघु ना टालो
महानता का भ्रम ना पालो
"नही है" तो क्या हुआ
जो है उसका सम्मान करो

जो बना हुआ है, टूटेगा
जो टूटा है वो जुटेगा
कुछ भी कहाँ स्थिर है
बस सपना है पहचान करो

मन के घाव तो लगने हैं
कुछ भरने को कुछ रहने हैं
मरहम की कमी है, ग़म की नहीं
हरने का समाधान करो

जब विवेक की चले नहीं
बुद्धि भी अपनी सुने नहीं
उतरो गहरे और गहरे
और स्वयम् का भान करो
पर गहराई का मान करो।।

जो मन में रखा है

जो मन में रखा है
अब कहना होगा
कब तक सुलगेगा
अब जलना होगा

लक्ष्य कठिन बनाया क्यूँ
जब राह सुलभ चाही थी
चल कि अब विकल्प कहाँ
देर सही पर चलना होगा

कितने ही खो जाते हैं
भीड़ के ही हो जाते हैं
बनने को गुलाब
काँटों में पलना होगा

जो भी हो रंग लगा ले
तस्वीर ना बदलेगी
बहुत हुआ ऊपर का
अब अंदर से बदलना होगा

सब गिरते हैं सफ़र में
सबने ठोकर खाई है
शर्त बस ये है कि
गिर के संभलना होगा।।

मैं-तुम

इन्तज़ार-सुकून
मैं-तुम
इधर-उधर
वाह रे दुनिया

सब कहते हैं
ये दुनिया गोल है
तो किनारे कैसे
जो काम ना आए
वो सहारे कैसे

तेरे-मेरे बीच का ख़ालीपन
दुनिया को बाँटता हुआ
आधी-आधी दुनिया
कटे नहीं दूरियाँ
दिल की
समय की

शाम-सुबह
रात-दिन
इधर-उधर
मैं-तुम
वाह रे दुनिया।।

पुण्य बँटेगा सब में कण-कण

पुण्य बँटेगा सब में कण-कण
पर पाप स्वयम् को जाए
कितना ढोएगा रग-रग में
क्यों राख को आग बनाए

जीने को तो है ज़मीन
आसमान क्यों चाहे
जीवन-नदी तो सुखी जाये
और समंदर थाहे

घोर प्रकोप है, भय है
कब छूट सिंहासन जाये
बाँध जो रखी गठरी तूने
अब नहीं सँभाली जाए

सब विषाद क्षणभंगुर
सुख भी कहाँ टिक पाए
फिर किस बात की छीना-झपटी
कुछ भी साथ ना जाए

जिस को मन माने, मान ले
अपना ईश्वर पहचान ले
एक तो होगा कोई वैसा
जो पार तुझे ले जाए।।

कुछ सुनता कुछ कह जाता है

कुछ सुनता कुछ कह जाता है
मन मसोसकर रह जाता है
दोनों हाथ से वक़्त बटोरे
इसमें ही सब कट जाता है

अभिलाषा अमरत्व की हो तो
जीना मुश्किल हो जाता
जीता रहता नश्वर देह
और अमर मन मर जाता

कैसे पोषित हो मनुष्य
कितना ये अनुराग करे
कैसे त्यागे अपने अंश
किसको आत्मसात करे

सीमित करे तो कैसे कोई
सपनों का कोई ओर ना छोर
एक बार जो उलझे धागे
काटे कटे ना लोभी डोर

फिर...
एक ही साँस में जीवन जी ले
सोच नहीं मिले पल पी ले
क्योंकि...
कुछ सुनता कुछ कह जाता है
मन मसोसकर रह जाता है
दोनों हाथ से वक़्त बटोरे
इसमें ही सब कट जाता है।।

विवश मनुष्य

एक-एक कर खींच डाली
ना जाने कितनी रेखाएँ
चारों तरफ़ -
और घिर गया मनुष्य

अब विवश सा है क्यूँकि
रेखाएँ अब दीवार बन गयीं
अदृश्य, किन्तु अडिग
ठगा सा महसूस करता मनुष्य

अब कोसता है समय को
क्रोधित होता है
दूसरे मनुष्य पर
जिसके लिये खींची थी रेखा

किन्तु रेखाएँ जो खींचीं
वो तो अपने लिए थीं
यही ना समझा मनुष्य
दुनिया सबकी है मनुष्य।।

स्वयं प्रणेता

एक-एक अक्षर खोज-खोज के
पढ़ ले
महल स्वप्न का चल धरातल
गढ़ ले

बाट ना देख नहीं आएगा
अच्छा समय बना ले
मिला जो तुमको, वही है तेरा
उसको ही अपना ले

हर दिन शुभ, हर पल पवित्र है
अभी महुरत कर ले
धूल-शूल हो या हो पर्वत
कल क्यों, आज ही चढ़ ले

कहते हैं कल किसने देखा
किसने कल को पाया
समय ने फेंका भाग्य का पाशा
खोजा जिसने पाया

आँखें मींच के डर ना टाल
भय का भूत भयंकर
कर प्रमाणित सक्षम है तू
स्वयं प्रणेता बनकर

तो चल...
एक-एक अक्षर खोज-खोज के
पढ़ ले
महल स्वप्न का चल धरातल
गढ़ ले।।

जीवन कैसे बनता है

जीवन कैसे बनता है
तुम से मुझ से
हम सब से
धरती और गगन से
जीवन कैसे बनता है

पेड़ों नदियों फूल और पत्थर
कल-कल करते झरनों से
जीवन कैसे बनता है

पंछी पशु घास और तिनके
वीरानों से उपवन से
जीवन कैसे बनता है

सुख-दुःख आँसू और हँसी
गुदगुदी और चुभन से
जीवन कैसे बनता है

ठहराव गति प्रलय निर्माण
अपने-अपने निर्णय से
जीवन कैसे बनता है
तुम से मुझ से
हम सब से॥

आज फिर उलझे अपने आप से

आज फिर उलझे अपने आप से

संजोने की कोशिश में
समेट डाले तार मन के सारे
बस नहीं मिले दोनों छोर
फिर ख़ुद ही से हारे

कितनी बार अलग किया
अपने को आप से
एक दुनिया ही अलग की
दुनिया के वास्ते
आज फिर उलझे अपने आप से

कितने नये उत्तर खोजे
सवाल पुराने पर बने रहे
दाग तो मिटा डाले
घाव फिर भी बने रहे संताप से
आज फिर उलझे अपने आप से

कमी तो कोई नहीं
बस पूरा ना पड़ा
इच्छाओं का बोझ
उठाते दोनों आँख से
आज फिर उलझे अपने आप से।।

कमी है क्या

कमी है क्या
तू क्या ढूँढे
खोया मौक़ा
जलती आग से
है रूठा
तिनका सूखा

है नींद कहाँ
धरती से अलग
बिस्तर सोता
कर याद उसे
लौ काँप रही
मंतर झूठा

तू ही अलग
सब हैं मिले
अंदर देखा
कमी है क्या
तू क्या ढूँढे
खोया मौक़ा।।

तुम चुने हुए हो

तुम चुने हुए हो
हाँ तुम ही
उसके लिए
जिसे केवल तुम्हें
ही करना है

हाँ
तुम चुने हुए हो
क्योंकि केवल तुम ही
समर्थ हो
उसके लिए
जो होने को शेष है
केवल तुम से

सच में
तुम चुने हुए हो
समस्त में से एक
केवल तुम सक्षम
उसके लिए
जो कठिन और क्लिष्ट है
चुनी हुई बाधा है
केवल तुम्हारे लिए

तो क्या
तुम्हें नहीं लगता कि
तुम चुने हुए हो
उसके लिए
चिर प्रतीक्षित हो
जो चुना हुआ है
तुम्हारे लिए

अब मान लो
तुम चुने हुए हो
उन सबके लिए
जो चुने हुए हैं
तुम्हारे लिए।।

दो लोग

दो लोग
दोनों ही बैठे
अलग-अलग
दूर-दूर
एक ही कमरे में
अलग-अलग
एक ही शहर में
अलग-अलग
एक ही दुनिया में
पर अलग-अलग

किसका दोष था
ये यक्ष प्रश्न
अनुत्तरित
आवारा हवा सा
दूरियों को तय करता
ख़ालीपन को भरता
अलग-अलग को जोड़ता

थका हुआ
पर ज्यों का त्यों पड़ा
प्रश्न
किसका दोष था
दोनों सोचते उत्तर
एक ही प्रश्न का
किन्तु अलग-अलग
और कहीं कोने में पड़ा
उदास और निराश
उत्तर

प्रतीक्षा में
साथ के
इस तरह हैं
अलग-अलग
प्रश्न और उत्तर
प्रतीक्षा में
साथ के।।

कौन जीतेगा ये रण

कौन जीतेगा ये रण
सबको जीवन एक
कौन खेलेगा ये खेल
परिणाम सबका एक

कौन जाएगा कहाँ
रस्ते अलग मत देख
अंत में सब मिल रहे
जा पटल तक देख

एक पाँव आगे है तो
दूसरा पीछे है क्यों
दोनों तो तेरे ही हैं
बस ठहर के देख

कौन किसका साथ देगा
क्या अकेले का विकल्प
फिर क्यों पाले हैं झमेले
भीड़ भागे शेष एक

मन जला तन फूँक गया
कोई ना पूछे राख की
थाह लेनी है अगर तो
आह भर के देख

कौन जीतेगा ये रण
सबको जीवन एक
कौन खेलेगा ये खेल
परिणाम सबका एक।।

दो बातें

बैठोगे मेरे पास
दो बातें होंगी
तुम ही कह लेना
अपनी अनसुनी

हामियाँ हमारी
बेतुकी तुम्हारी
पर ये ना कहना
हमने ना सुनी

बदल लेना बातें
अगर कुछ मैं पूछूँ
पर उठ के ना जाना
भले ना बनी

अच्छा नहीं था
जो भी हुआ
जल्दी तुम्हारी
मेरी हड़बड़ी

बनेगा कहाँ अब
महल रेत का
क़िस्मत में बहना
सो वो बही

बैठोगे मेरे पास
दो बातें होंगी
बातों का क्या
ग़लत या सही।।

जीत तो जाओगे

जीत तो जाओगे
पर क्या क्या हार के
पा तो लोगे
पर निभेंगे कैसे
सपने उधार के

जो बोझ अपना है
तो कन्धे पराये क्यों
पहुँच कर भी वहाँ
कदम लड़खड़ाए क्यों

क्या कुछ छोड़ आए
जो मुड़-मुड़ के देखते हो
जब बिछड़ना ही था
तो अपना बनाये क्यों

मिलेंगे सभी अंत में
उस सफ़ेद हवेली पे
पर अंदर वही जाएगा
जिसका नाम लिखा होगा

साफ़-साफ़
हथेली पे

क्यों गुनाहों का हिसाब
काले पन्ने पे लिखते हो
उजली स्याही से
अब तो थोड़ा ही बाक़ी है
जला दो वो भी
अपनी ढिठाई से

बाद में ना कहना
कि वो रह गया
मैंने सुना नहीं
पर वो कह गया।।

सूनी आँखें सूखे सपने

सूनी आँखें सूखे सपने
कौन बिगाड़े खेल ये अपने
फूँक-फूँक के पैर रखे
काँटों पे छाले क्यों बनते

मन कपास के श्वेत धागे
रंग-बिरंगे रिश्ते बँधते
मोड़ मिलें तो छूटे हाथ
चार कदम भी साथ न चलते

अदृश्य दीवारें सँकरे कोने
हाथों से सौभाग्य फिसलते
बिन पत्तों के पेड़ों से
उम्मीदों के घड़े लटकते

थका हुआ सा दिन कैसे
देखे थके सूरज को ढलते
शाम बिना ही रात आ जाती
बिना सुबह के ही दिन चढ़ते

ऐसी 'होनी' ही जीवन है
देर तो हो दिन नहीं बदलते
ये कैसी अनहोनी है कि
काग़ज़ के भी फूल महकते

किसने किसको कब बोला था
बोला था तो क्यूँ बोला था
क्या ये सच है सुना हुआ कि
सबके एक दिन भाग्य पलटते।।

शून्य ही साक्षी होगा

शून्य ही साक्षी होगा
सारी उपलब्धियों का

शून्य ही साक्षी होगा
सारी विफलताओं का

शून्य सहेगा सारे दुख
शून्य ही भोगेगा सारे सुख

सारे युद्ध शून्य लड़ेगा
हारेगा जीतेगा शून्य

शून्य ही तो विस्तार करेगा
बिन्दु को संसार करेगा

शून्य ही घेरेगा ब्रह्मांड
शून्य ही फिर संघार करेगा

शून्य नापेगा सारी दूरियाँ
शून्य समय को जी लेगा

शून्य स्वयम् ही अमृत होगा
जीवन के विष पी लेगा

शून्य ही साक्षी होगा
अमरता का

नश्वरता का
शून्य ही साक्षी होगा।।

पीछे मुड़कर देखोगे

जब-जब तुम गन्तव्य से
पीछे मुड़कर देखोगे
कुछ धुँधला सा दिखेगा
कुछ उजड़ा बिगड़ा पाओगे

वो पेड़ ना होगा
जिसकी छाँव तले रुके थे
बस पड़े मिलेंगे कुछ पत्ते
सूखे मुरझाए बुझे से

जहाँ कोई नाम उकेरा था
वो पुल भी अब नहीं होगा
वो नदी भी रुकी मिलेगी
और पानी भी खारा होगा

डाले थे जिसमें
मन्नत के सिक्के
वो कुआँ भी ना होगा
जले हुए अरमानों का
धुआँ भी ना होगा

जब-जब तुम गन्तव्य से
पीछे मुड़कर देखोगे
कुछ धुँधला सा दिखेगा
कुछ उजड़ा बिगड़ा पाओगे।।

आदमी 'आम' पैदा होता है

आदमी 'आम' पैदा होता है
फिर जीवन भर
पल-प्रतिपल
प्रयास करता है
'ख़ास' बनने का

इस प्रयास में आदमी
'कुछ' बन जाता है
कुछ ऐसा विलक्षण
जो वो नहीं चाहता था

उसे सारे तारे-सितारे
ग्रह उल्कापिंड और
सारा आकाश
स्वयम् पर गिरते दिखता है

उसकी विशेष रातों में
उसे विशेष सपने आते हैं
कि वो चल रहा है...
नहीं नहीं
दौड़ रहा है
पर नीचे धरती नहीं है

फिर उसे ध्यान आता है
कि अरे वो तो ख़ास है
वो चलता-दौड़ता नहीं
उड़ता है
ऊँचे बहुत ऊँचे

उसके ख़ास पंख है
एकदम सुनहरे विस्तृत
फिर वो सारी हवा को
बाँधने लगता है

ऊँचे उड़ते-उड़ते
वो पहुँच जाता है वहाँ
जहाँ सब श्वेत है
सामान्य है

अब ख़ास फिर निराश
वो नीचे उतरता है
लेकिन उतरे कहाँ
यहाँ तो सब आम हैं

'आम' आदमी
विशेषण रहित
अब उसे समझता है
कि अंततः 'आम' होना ही
'ख़ास' होना है
और
वो फिर से
आम बनने लग जाता है।।

मुझे बेचैन रहने दे

मुझे बेचैन रहने दे
कि मैं क्या चाहता हूँ
गहराई समंदर की कदम से
नापना चाहता हूँ

मुझे बेचैन रहने दे
कि जब तक साँस है
मरने तलक पल-पल
को जीना चाहता हूँ

मुझे बेचैन रहने दे
कि जब तक आग है
बुझने से ठीक पहले तक
जलना चाहता हूँ

मुझे बेचैन रहने दे
कि जब तक दूरियाँ हैं
जहाँ रस्ता ख़त्म हो जाए
चलना चाहता हूँ

मुझे बेचैन रहने दे
कि जब तक भेद है
जब तक मिल जाये सब
मैं घुलना चाहता हूँ
मुझे बेचैन रहने दे।।

कब तक आओगे तुम

कब तक आओगे तुम
क्या आ भी पाओगे

जब मौसम सारे रूठ जाएँगे
फूल-चमन सब सूख जाएँगे
जब चाँद का दाग लाल होगा
पर्वत सारे झुक जाएँगे
कब तक आओगे तुम
क्या आ भी पाओगे

जब धर्म ध्वज गिर जाएगा
विष-रक्त शीष चढ़ जाएगा
सारे हाथों में घृणा कृपाण
और काल स्तब्ध हो जाएगा
कब तक आओगे तुम
क्या आ भी पाओगे

जब पक्षी शोक मनाएँगे
जन्तु सारे छुप जाएँगे
सागर हाहाकर करेंगे
मानव रक्त नहाएँगे
कब तक आओगे तुम
क्या आ भी पाओगे

जब स्याह अंधेरा छा जाएगा
ग्रहण सूर्य को खा जाएगा
राख कणों की बारिश होगी
काल बिन्दु में समा जाएगा
कब तक आओगे तुम
क्या आ भी पाओगे।।

कैसे अपना उपचार करें

पाप-पुण्य में क्या है अन्तर
धर्म-कर्म का बोझ निरन्तर
उलझी बुद्धि प्रश्न संकर
कितने सारे विचार करें
कैसे अपना उपचार करें

लंबी होती जाती रातें
उधेड़-बुन में दिन कट जाते
दोनों ज़ेबें भरी समय से
पर चैन के पल उपहास करें
कैसे अपना उपचार करें

जीवन पथ पे गिरते-पड़ते
चले कहीं, कहीं पहुँचे
अब खोया ढूँढे खोए को
बौराया सा व्यवहार करे
कैसे अपना उपचार करें

झकझोरे तन कि मन तोले
भूत-भविष्य के हिचकोले
कौन सी वो पतवार पकड़
संसार भँवर को पार करें
कैसे अपना उपचार करें

दो राहे से कौन बचाए
कौन दिशा शंका सुलझाए
अपनी अपनी दुविधा सबकी
कौन किसे लाचार करे
कैसे अपना उपचार करें॥

अदा बदल के देख

अगर ऐसे नहीं बन रहा तो अदा बदल के देख
अब मैं ये तो नहीं कहता कि ख़ुदा बदल के देख।।

छूटता सा जाता हूँ मैं

छूटता सा जाता हूँ मैं
अवलंब काम नहीं आते
कैसे थाम रखी है डोर
पतंग के काम नहीं आते

वैसे तो खुला है
सारा आकाश जीतने को
पर पाँव सम्भले नहीं
धरती काम नहीं आती

मैं हर दिन वहाँ जाता हूँ
लौट आने के लिए
कोई विश्वास ऐसा नहीं
कोई प्रतिज्ञा काम नहीं आती

सारे बहाने जो बनाए थे
सच निकले अंत में
अब मेरे पाँव उलझ जाते हैं
और मेरे कहे पे नहीं जाते

मैं बाहर से चुप
अंदर के शोर को सुनता हूँ
क्यूँकि मेरे शब्द भी
मेरी बात पे नहीं जाते।।

क्या मैं गाऊँ

क्या मैं गाऊँ जीतन को
क्या सुन के मैं हारूँ
मिलन के राग विरह से लागे
मन बैराग उचारे

जिनसे खिलते थे मन-पुष्प
वो ही स्वप्न उजाड़े
राह तकी जो घण्टों-पहरों
वो पड़े रहे किनारे

जो पदचाप थे हरते कष्ट
वो अब अंग सिहारें
अब हर बात में चटके मन
कौन बिखरे काँच बुहारे

कहाँ मिलेगा शीत-वसंत
कहाँ गईं वो बहारें
कब तक स्वप्न सम्भाले आँखें
टूटन को हैं किनारे

पर मन ढूँढे खोया मोती
बहती रेत जहाँ रे
खाली हाथ व खाली मन
सबका प्रेम बिना रे।।

आदान-प्रदान

तुमसे कौन क्या लेना चाहता है
और तुम किससे क्या लेना चाहते हो
मर्यादित आदान-प्रदान
विश्व-चक्र के पहिए
प्रकृति की धुरी
वाहक ईश्वर
सारे जीव-अजीव
मानव समेत
अपने-अपने समय की प्रतीक्षा में
अनंत काल के क्षणिक आभास
कुछ छाप
कुछ चिह्न मात्र।।

जब चाँद धरा को छूना चाहे

जब चाँद धरा को छूना चाहे
तरसी आँखें फैली बाँहें
कोने में कहीं पड़ा चकोर
भरता जाए ठण्डी आहें

कैसी चिर प्रतीक्षा है ये
कठिन है कितनी मिलन की राहें
काश! कहीं ऐसा हो जाता
मिलके फिर कोई दूर ना जाए

क्या सब पूर्व सुनिश्चित है
या पल-पल भाग्य बनाए
मीठे स्वप्न सा क्यूँ है जीवन
खुली आँख तो भंग हो जाए

सब कुछ पा लेने की आशा
कितनी हैं अतृप्त इच्छाएँ
कैसी लगी ये धुनकी मन को
मन-चकोर बस चाँद को चाहे।।

मनुष्य है तू

मैं रिक्त हृदय था
तब तक कि
वो वज्रपात सा
आन गिरा
वक्ष तल पर

एक शोर हुआ
अंत: स्थल
कुछ टूटा या
कुछ जाग उठा

फिर आँखें नम
और कंठ हिले
पर ध्वनि नहीं
एक प्रश्न सा था
या फिर उत्तर था

सभी अनुत्तरित प्रश्नों का
"मनुष्य है तू"॥

एक नई दुनिया

मुझे लगता है कि
बनाई जा सकती है
एक नई दुनिया

एक नई दुनिया
नई पृथ्वी- जिसका
सूरज भी नया होगा
और चाँद भी नया

एक नई पृथ्वी
जिसपे जीवन होगा
पर भूकम्प ना होगा
लोग होंगे पर
हड़कम्प ना होगा

जहाँ समुद्र तो होगा
और बड़ा भी होगा
पर पानी उसका
खारा ना होगा

एक नई पृथ्वी
जिसपे पहले जैसे
पर्वत-पठार-मैदान होंगे
और होंगे ऐसे ही घने जंगल
पर जंगल की आग ना होगी
वहाँ गिलहरियों की ज़िन्दगी
तबाह ना होगी

एक ऐसी पृथ्वी
जिसपे होंगे आदमी और
उनका एक नाम भी होगा
पर नाम में कोई पूँछ ना होगी
सभी होंगे एकदम स्वतंत्र
और किसी को विशेष छूट ना होगी

एक नई पृथ्वी
एक सभ्यता भी होगी
पर युद्ध ना होंगे
दुःख होगा सुख होगा
पर सब 'बुद्ध' होंगे

मुझे लगता है कि
बनाई जा सकती है
सच में
एक नई दुनिया।।

ढूँढने हैं सबको

ढूँढने हैं सबको
अपने-अपने स्थान
खोजनी है सबको
अपनी-अपनी पहचान
पर यहीं पे रहकर

यहीं है वो
स्वर्ग सपनों का
यहीं है वो
नर्क दुःस्वप्नों का

यहीं है वास्तविक स्वर्ग भी
और असली नर्क भी
सारे भेद काल्पनिक
सूक्ष्म या विकट

छलावा है वो दुनिया
सारे नर्क अभिव्यक्त
सब भोगने को अभिशप्त।।

एक चिह्न लगाव का

घृणा के अनगिनत प्रतीकों में
वो ढूँढता एक चिह्न लगाव का
शायद वो पा सके
उससे ही रास्ता
जो जाता हो
शांति की ओर

बिना पदचाप और पगध्वनि के
धीरे-धीरे ही सही बढ़ना होगा
अंधकार की तंद्रा
भंग किए बिना

क्यूँकि उस पार है
प्रशांत जीवन
और जहाँ जीवन है
वही रमणीय है

सुन्दरता स्थिरता प्रेम
व सहृदयता
जैविक वातावरण के अधिकार हैं
और
मनुष्यता को इनका अनुगामी होना है

निरर्थक हैं उत्तमता की धारणा
व्यर्थ है सर्वाधिकार का प्रयास
मैं तुम और हम सब
अंग मात्र हैं
सार्वभौम तो केवल प्रकृति है

हम मनुष्य हैं
साहचर्य और सम्मिलन
प्रेम और आलिंगन
प्रशंसा और प्रोत्साहन
मनुष्यता की खोज हैं
इनको ही छोड़ के जा सकते हैं

अपनी नश्वरता को सहजता से
स्वीकारना किसी पराक्रम से कम नहीं।।

हे मृत्यु

हे मृत्यु
चकित तो नहीं
पर स्तब्ध हूँ
तुम्हारी सत्यता और संभाव्यता पे
तुम्हारी कठोरता और अनिश्चतता पे

हे मृत्यु
ये कैसा भेद है
तुम ज्ञात हो और अज्ञात भी
तुम दूर हो या कहीं पास ही
फिर भी जीने देती हो

तब
कोई क्यों जीता है बेमन
क्यों रखता है कोई अनबन
क्यों कोई दुखों का बोझ उठाए
भारी मन से तुम्हें बुलाए

जब
निश्चित ही है तेरा आना
हे मृत्यु
इन्हीं उलझनों के परे
तुम कहीं प्रतीक्षारत हो

और
सारे प्रयत्न-सजग या अनमने
तुम तक पहुँचने के हैं

अतः हे मृत्यु
सुख दो
जीवन का
समर्पण से पूर्व
तुम तक यात्रा के आनंद का
एक सफल
सम्पूर्ण यात्रा का।।

वो जी रहा होगा

जो नहीं है अभी
वो होगा कभी
यही सोचकर
वो जी रहा होगा

सारे जतन
लगते निरर्थक
तब तक...
जब तक...
आदमी चाँद ना छू ले
समंदर ना तैर ले
ऊँचे पर्वत ना चढ़ जाए

इसके बाद भी
बहुत कुछ बाक़ी है
जो नहीं है
लेकिन होगा
यही सोचकर
वो जी रहा होगा
क्यूँकि..
अभी कहाँ हुआ है वो
अमर और अजेय
अभी कहाँ खोजी है
वो दवा

सदियों से
सदियों का सफ़र
यही सोचकर
कि जो नहीं है
वो होगा
वो जी रहा होगा।।

वो खोया नहीं था

बहुत ढूँढा
पर मिलता कैसे
वो खोया नहीं था
छुप गया था

आहट तक
ना होने दी
वो गुज़रा ही कहाँ
दुबक गया था

तमाम दीए
जला डाले आंसुओं से उसने
एक वो था
अंधेरों में संवर गया था

अब कहाँ
खबर कोई लेता है उसकी
कस के रखना चाहा मुट्ठी में
वो रेत सा फिसल गया था

और इस तरह
बीते वो दोनों
अलविदा ना हो सके
फैसले का वक्त
फिर से कल पे
टल गया था।।

जब मैं अकेला नहीं होता

जितना प्यार मुझे
तुम्हारे पुकारे मेरे नाम से है
उतना ही प्यार है मुझे
मेरे अन्दर के अकेलेपन से
लेकिन फिर भी खलता है
अक्सर तुम्हारा नहीं टोकना मुझे
खासकर तब
जब मैं अकेला नहीं होता।।

जब तुम जीत जाओगे

जब तुम जीत जाओगे
ठीक तभी पता चलेगा
अगली लड़ाई का

और ये उससे बड़ी होगी
जो तुमने जीत ली

इसलिए शस्त्रों का त्याग
अवांछनीय है

जीत का अभिमान
व्यर्थ है

और सर्वथा अस्वीकार्य है
ये सोचना
कि अब नहीं लड़ूँगा।।

शहरों में "आदमी"

समन्दर में कहीं–कहीं
दिख जाते हैं प्रकाश–स्तम्भ
जैसे दिख जाते हैं कहीं–कहीं
पेड़ रेगिस्तान में

दिख जाते हैं कभी–कभी
जानवर बहुत ऊँचे पहाड़ों पर
जैसे दिख जाते हैं कभी–कभी
शहरों मे "आदमी"।।

जो मर गए

मेरा वश चले तो
कुछ ऐसा करूँ
कि ना मरूँ

पर ऐसा हो नहीं सकता
सभी मरते ही हैं
ये सत्य है
वाक़ई

लेकिन झूठा सत्य
बहुत से मरते नहीं
मार दिए जाते हैं

और
बस कह दिया जाता है
कि मर गए
जैसे- युद्ध में, दंगों में
बीमारी में, लाचारी में।।

तुम कैसे कर सकते हो

तुम कैसे कर सकते हो
वो सब, अब
जो नहीं किया
तब

मैं तो कुछ नहीं करता
वैसा, अब
जो किया करता था
तब

गुलाबें तोड़ी
चोरी-चोरी
काँटे लगे
पर आह ना की

तारे गिने
सही-सही
समय की भी
परवाह ना की

अब वो गुलाब मुरझाए से
वो तारे भी शरमाए से
मेरी ओर यूँ तकते हैं
और तब के हम
और अब के हम
अब कभी-कभी ही मिलते हैं।।

कई कुछ

वो आते हैं और
कभी कुछ
कभी बहुत कुछ
कहकर चले जाते हैं

हम जाते हैं और
कभी कुछ
कभी बहुत कुछ
सुनकर चले आते हैं

पर वहीं छूट जाते हैं
'कई कुछ'
कुछ उनके कहे
कुछ हमारे सुने

शायद इसलिए
कि उन्हें ही खोजते
वो भी आ जाएँ फिर
और हम भी आ जाएँ

और इस तरह
कहने वाले और सुनने वाले
मिलते रहें
कहने-सुनने का सिलसिला
यूँ ही चलता रहे
क्यूँकि बहुत कुछ है
कहने-सुनने को।।

अक्सर जो चाहिए होता है ज़रूरी नहीं होता जैसे–चाँद।

अब तो बात बदलनी होगी

अब तो बात बदलनी होगी
चाल नई कोई चलनी होगी
जब मंजिल ठिकाने बदले
हमें भी राह बदलनी होगी
चाल नई कोई चलनी होगी

अब तक सबकी सुनता आया
राग पुराना धुनता आया
बदले तेवर समय ने तब फिर
तुम्हें भी तौर बदलनी होगी
चाल नई कोई चलनी होगी

बूँद-बूँद से नहीं भरेगा
घड़ा समय का क्षण में खाली
गागर में सागर भर जाए
जतन कुछ ऐसी करनी होगी
चाल नई कोई चलनी होगी

काली रात के काले साए
जब–जब सोए तभी डराएँ
मन टटोल वो आग खोज
नई सुबह अब करनी होगी
चाल नई कोई चलनी होगी
अब तो बात बदलनी होगी।।

मैं करूँगा प्रेम

जिसको भी करनी है
वो करे, पूजा
व्यक्ति की
पशु की
पेड़-पौधों की
या पत्थर की

और सिद्ध करे कि
वो मानता हैं ईश्वर को

मैं तो करूंगा
प्रेम
व्यक्ति से
पशु से
पेड़-पौधों से
और पत्थर से भी

और ये सिद्ध करूंगा कि
मैं मानता हूँ इंसान को
और इस तरह
मेरा ईश्वर सिद्ध हो जाता है
और प्रसन्न भी।।

आप जो हैं

आप जो हैं
वही रहिए
जो करना चाहते हैं
वही कीजिए
परवाह
आप ना कीजिए

वो हैं ना
हाँ वही
जो करते हैं
सिर्फ परवाह
वो भी खाली दूसरों की
इसलिए आप अपनी
और अपनों की कीजिए
परवाह

कोई बजाए
कोई फूंके
बस आप ना रुकें
आप करते रहिए
अपने मन की
आप जो हैं
अच्छे हैं
वही रहिए
इंसान।।

बिनानुभूति

कोई-कोई दिन
गुज़र जाता है
बस यूँ ही
पर ले जाता है
चुरा के
कुछ अतरंग पल
वो पल
जो ज़्यादा अपने
ज़्यादा करीब
हो सकते थे
लेकिन जिए न जा सके
बस गुज़र गए
बिनानुभूति

ना जाने ऐसे कितनों के
कितने पल
चुराए होंगे
ऐसे कितने दिनों ने
बस यूँ ही
और लगा होगा
बीता दिए

क्या ढूँढे जा सकते हैं
छुए जा सकते हैं
फिर से जिए जा सकते हैं
वो बेबस
लाचार
बिन जिए
खोए पल
जो चुरा लिए
कुछ दिनों ने
बिनानुभूति।।

हम भेष बदल के आयेंगे

हम भेष बदल के आयेंगे
तुम फिर भी मुँह घुमा लेना
हम साथ मुहब्बत लाएँगे
तुम फिर भी हाथ छुड़ा लेना

जब क़दम-क़दम पे ठोकर हो
तो रस्ता कैसे पार करे
जब दिल जज़्बात से ख़ाली हो
तो अच्छा है इनकार करे

हमने तो सजा ली महफ़िल भी
अब तू आए या ना आए
अब शमा जले या परवाना
हमने भी क़सम अब खा ली है

किश्तों में कटेगी तन्हाई
हम टुकड़ों में ही जी लेंगे
अब जाम जफ़ा का घूँट-घूँट
घुट-घुट के हम पी लेंगे

तू दूर कहीं आबाद रहे
पर हम आवाज़ लगाएँगे
तू भले हमें पहचाने ना
हम भेष बदल के आएँगे॥

बदले-बदले हम थे

एक कहानी थी रूमानी
बन सकी ना जो
दो क़दम भी साथ मेरे
चल सकी ना वो

तब थे बिछड़े रास्ते
अब मोड़ पे टकरा गए
बदले-बदले हम थे
या कि तुम बदल के आ गए

क्या हसीं वो शामें थीं
जब हमने प्यार की बातें की
दिन गुज़ारे वक़्त काटे
कुछ जगी रातें भी थीं

जो नहीं कभी छुप सके
उसको छुपाना चाहते थे
साथ होके भी 'अलग हैं'
ये दिखाना चाहते थे

मेरे बालों में वो तेरी
उँगलियों का यूँ फिसलना
तेरी आँखों में वो मेरी
आँखों का यूँ ही ठहरना

अब भी क्या याद आता तुमको
मुझको सुन तेरा चहकना
पर फ़रेबी वक़्त वो
ठहरा नहीं तेरी तरह
तुम निकल ली प्यार तेरा
था नहीं मेरी तरह

एक कहानी थी रूमानी
बन सकी ना जो
दो क़दम भी साथ मेरे
चल सकी ना वो॥

वो कौन सी बात थी

वो कौन सी बात थी
जो तुम्हें अच्छी लगी
क्यूँकि बुरा तो तुम्हें
अक़्सर लग जाया करता था

वो कौन सी बात थी
जो तुम्हें बहुत बुरी लगी
इतनी बुरी कि
तुमने छोड़ दिया 'अधूरा'
साथ
सपने
बातें और
ज़िन्दगी
वो कौन सी बात थी।।

आदमी और क़िस्मत

क़िस्मत की दो बंद मुट्ठियाँ
चुनना था एक
क़िस्मत बड़ी शातिर
बड़ी चालाक
एक मुट्ठी थोड़ी घुमा दी
कुछ चमका
आदमी बहका
उसने सोचा इसमें है सोना
आदमी भी चालाक
उसने थोड़ा और सोचा
दूसरी में क्या है
क़िस्मत मेहरबान
मुट्ठी खोली
पर निकला पत्थर
झट से आदमी ने सोना लपक लिया
और सोचा क़िस्मत सचमुच मेहरबान है
क़िस्मत मुस्कुरायी
और पत्थर दे दी
बगल वाले को
उसने उसे ख़ूब घीसा और
हीरा निकला
आदमी बोला
वाह री क़िस्मत।।

जब प्यार ही ना रहा

जब प्यार ही ना रहा
तो क्या करें चिट्ठियों का
जब इन्सान ही ना रहे
तो क्या करें
उसकी ग़लतियों का

एक-एक कर के भर गए
घाव जो प्यार में लगे
पर जो लगी थी तीर-ए-नज़र
चुभन उसकी अभी भी ज़ारी है

बुलन्द रहे प्यार का परचम
कुछ आशिक़ मिटे
कुछ नए बनते रहें
अबके देखा उस तरफ़
मुस्कुरा के तूने
मैं समझ गया
अब उनकी बारी है

गँवारा नहीं था एक होके रहना
फिर भी तूने प्यार बाँटा
बदले में जो चुकाई क़ीमत
वो वज़ूद पे भारी था

कैसे नहीं मिटता वो
सब कुछ लूटा के
प्यार में लूटने से बच जाना
प्यार नहीं ग़द्दारी था।।

आदमी और पत्थर

जब पहली बार आदम जन्मे
उसे लगी थी भूख
और
वो ढूँढ रहे थे पत्थर
फिर पत्थर से पत्थर टकरा के
आग निकाली पहली बार
वो आग अभी भी जल रही है
पर वो पत्थर
'देवता' बन गया
और आदम बन गए
हिन्दू मुस्लिम सिक्ख ईसाई
और भी बहुत कुछ
फिर सबने ढूँढे
बहुत से पत्थर
कुछ से बना लिए
मंदिर मस्जिद गुरुद्वारे चर्च
और कुछ पत्थर रख लिए
जो एक-दूसरे पे फेंकते हैं।।

नमक हूँ

नमक हूँ
थोड़ा ही सही
पर ज़रूरी हूँ मैं
तुम्हारी सेहत के लिहाज़ से
तुम्हारे स्वाद के मिजाज से
भले मिठाई पसन्द हो तुम्हें
पर लगने को मीठा
मजबूरी हूँ मैं
नमक हूँ
थोड़ा ही सही
पर ज़रूरी हूँ मैं।।

सीढ़ियों पे जाते लोग

सीढ़ियों पे जाते लोग
तेज़-तेज़ क़दमों से बदहवास
चढ़ते जा रहे थे- ऊपर

कोई भी नहीं देख रहा था
दाएँ-बाएँ
अग़ल-बग़ल
जल्दी ऊपर पहुँचने की
सबसे ऊपर
सबसे पहले
हावी थी सभी पर

वहीं कोने में
सीढ़ियों पे बैठा आदमी
गुमसुम सा कहीं लीन था
शायद वो सोच रहा था
कहाँ जाती हैं ये सीढ़ियाँ
बहुत ऊँचे
जहाँ ऊँचाई है
पर ऊँचा कुछ नहीं

इनपर चढ़ने से अधिक मुश्किल है
वहाँ ठहरना
और
उससे भी मुश्किल है
वहाँ से नीचे उतरना।।

स्याह दुनिया

दुनिया पहले काली थी
फिर सफ़ेद हुई
कई रंग भरने की कोशिशों ने
इसे स्याह बना डाला
मैं इंद्रधनुष देखते-देखते सोचता हूँ।।

मोहब्बत के पैरोकार

मोहब्बत के पैरोकार
हम भी हैं तुम भी
फिर आपस में मोहब्बत
क्यूँ नहीं करते हैं

तुम हसीन ख़्वाब दिखाते हो
वो दुश्वारियाँ देखता है
तुम फूल दिखाते हो
वो क्यारियाँ देखता है

तुम दिखाना चाहते हो चाँद
वो चिंगारियाँ देखता है
तुम्हारे सब्ज़बाग़
उसके बस का नहीं
वो हसरतों की बुझती
किलकारियाँ देखता है

साफ-सुथरी दुनिया के तुम वाशिंदे
वो बस्तियों में फैली बीमारियाँ देखता है
मुमकिन नहीं ये मोहब्बत मेरे महबूब
क्यूँकि वकालत तुम भी करते हो
वकालत हम भी करते हैं।।

अरे फ़क़ीरे अंदर झाँक

ये भी देखा वो भी देखा
खोली खिड़की और झरोखा
फिर भी कुछ पल्ले ना आया
अब भी रहा है बग़लें झाँक
अरे फ़क़ीरे अंदर झाँक

बहुत हुआ अब धूल उड़ाना
रस्तों के संग नपते जाना
अब तो ले गहरायी नाप
अरे फ़क़ीरे अंदर झाँक

दुनिया रंग-बिरंगी देखी
बेपरवाह बजाई सीटी
सुलग रही जो मन के भीतर
जला के अब वो ज्ञान अँगीठी
आनेवाले कल को भाँप
अरे फ़क़ीरे अंदर झाँक

कोई नहीं है सुध लेने को
जीव पहेली बूझ लेने को
जहाँ धुआँ वहीं चिंगारी
आग जला बढ़ा ले ताप
अरे फ़क़ीरे अंदर झाँक।।

स रे आ म

कवि ने लिखा
आम (फलवाला)
लोगों ने उसे आम समझ लिया
हाँ वही सरेआम वाला
फिर कवि ने ख़ास लिखा
लोगों ने उसे आम समझ लिया
हाँ वहीईई
स रे आ म वाला।।

कितनी दुनिया

वो चाहता है एक दुनिया
जो उसके हिसाब से हो
उसके मन की हो

फिर वो इकट्ठा करता है
वो सबकुछ जो चाहिए
वो दुनिया बनाने के लिए

इससे पहले कि बन के तैयार हो
पता चलता है वो अकेला नहीं
इस दुनिया में और भी हैं लोग

वो कुछ को अपने जैसा
और कुछ को अलग पाता है
और एक सीमा-रेखा खींचता है
और केवल अपनों को लेकर
एक दुनिया बनाता है
और कहता है- 'मेरी दुनिया'

लेकिन अपने भी उसके जैसे नहीं
फिर एक दूसरी दुनिया दिखती है
और वैसी कल्पना करने लगता है
कुछ तोड़-मरोड़कर
फिर उसे अपने जैसा बनाने लगता है
एक और अपनी दुनिया

इस तरह ना जाने कितनी
नयी-नयी दुनिया बनाता है
और इन सब के बीच उसकी दुनिया
ना जाने कहाँ खो जाती है

क्यूँ नहीं किसी एक दुनिया का होके
रह पाता है वो
कितनी दुनिया बनाएगा।।

आदमी और ऑफ़िस

आदमी पैदा हुआ
अब पैदा हुआ
तो जीना पड़ेगा
और जीने के लिए
खाना चाहिए
खाने के लिए रोटी
और रोटी के लिए
काम चाहिए
काम के लिए
ऑफ़िस चाहिए
और इस तरह
वो जी लेता है- आदमी
और अक्सर सोचता है आदमी
कि अगर ऑफ़िस ना होता
तो कैसे जी पाता आदमी।।

सच की प्रतीक्षा

जाल मिथकों का बुना
और झूठा आसमान बना दिया
पार उसके है दिखता सब काला
पर है वहीं दुबका हुआ
अँधेरे में छुपा सच
टक-टकी लगाए
अपनी बारी आने की प्रतीक्षा में

सोचता कि क्या होगा सवेरा
खुलेगा ये छद्म कपाट
जिसने रोक रखी है राह
और बना डाली है दीवार

बाट जोहता सच किन्तु सचेत
अपनी बारी आने की प्रतीक्षा में
ये जो आडम्बर है ढीठ है
पाँव जमाए बैठा है
किन्तु क्या जड़ें भी जमा पाएगा
सोचता है सच

क्या कोई ऐसा झूठ है
जो उसे अंततः हरा पाएगा
धैर्यवान गम्भीर सच
अपनी बारी आने की प्रतीक्षा में॥

नज़र-नज़र की बात

नज़र-नज़र की बात निराली
कभी शोख़ कभी मतवाली
कभी प्यार भरी
तो कभी है ख़ाली

एक नज़र ऐसी जो
लग जाए तो 'लग जाती है'
एक नज़र ऐसी भी जो
सीधे रूह उतर जाती है

तिरछी नज़र है शक की
सीधी नज़र शराफ़त
टेढ़ी नज़र का असर बुरा
कैसे रहे सलामत

नज़र-नज़र का खेल है सारा
जितनी नज़र नज़ारे उतने
ऊपर नज़र तो खुला है अम्बर
बंद नज़र के तारे कितने

नज़रें कितनी दूरी नापें
चीर अँधेरा किसको ताकें
नज़रें जब बदल जातीं
कोई रिश्ता पास ना झाँके।।

ठीक होगा

इरादे तू बता दे
फिर सितम कर
ठीक होगा
मामला दिल का है
बराबर रहे
फिर ठीक होगा

लगा के आग पानी में
ना यूँ मुँह फेर ज़ालिम
किसी को पानी–पानी करना
क्या यूँ ठीक होगा

तेरा जलवा तेरा हक है
ये हम भी मानते हैं
जला के दिल यूँ चल देना
मगर क्या ठीक होगा

मेरे दिल का समंदर
बस तेरी ही राह ताके
तू मिल जा नदी बन के
तभी फिर ठीक होगा।।

मेरा सफ़र

मेरा वहाँ जाना तय है
अब रास्ते पाँव और
सफ़र मेरा है
और मैंने तय किया है कि
मैं ख़ुशी-ख़ुशी जाऊँगा।।

क्या आशिक़ हो

क्या आशिक़ हो
क्या लिखे ख़त मुहब्बत के
छानी गली महबूब की
डाले फूल किताबों में और
रोए देख पंखुड़ी सुखी
क्या आशिक़ हो

इन्कार मिली
क्या दिल टूटा
और कोई निकला झूठा
क्या शामें ग़म की तन्हा काटी
लूटे-पिटे दुआयें बाँटी
क्या रात-रात भर जग-जग के
आँखों की बरसातें नापीं
क्या आशिक़ हो।।

जीवन की चाय

जैसे-जैसे चाय कम होती जाती है
घूँट की मात्रा बढ़ती जाती है
जीवन भी चाय जैसे है
जैसे-जैसे कम होता है
हम अधिक जीना चाहते हैं।।

आदमी और युद्ध

तेरा मेरा इसका उसका
माँगना लेना छीनना झगड़ना
नोचना झड़पना तोड़ना हड़पना
और बात ऐसे बढ़ती है युद्ध तक

गोली बन्दूक बम धमाके
चीख चीत्कार क्रन्दन कोलाहल
ये युद्ध है और
इसमें "लोग" मरते हैं
या मारे जाते हैं
फ़र्क नहीं पड़ता
(हग और आप जैसे लोग)

संशय निराशा आशंका पीड़ा
उत्पीड़न वेदना अलगाव पलायन
ये उत्पाद हैं युद्ध के
जिससे "लोग" गुज़रते हैं
या झोंक दिए जाते हैं
फ़र्क नहीं पड़ता
(हम और आप जैसे लोग)

आदमी जानवर पक्षी पेड़
घर मकान दफ़्तर गाड़ियाँ
सभी होते हैं तबाह
ये युद्ध है और तबाही होनी है
या तबाह किए जाते हैं
फ़र्क नहीं पड़ता

प्रेम सम्वेदना घनिष्टता मित्रता के परे
घृणा निष्ठुरता शत्रुता परायापन हावी
ये युद्ध है और यही होता है
या ऐसा किया जाता है
फ़र्क नहीं पड़ता

ये युद्ध यूँ ही चलते रहेंगे
धरती पर
फिर चाँद और मंगल पर
और आदमी बनता रहेगा देवता
आदमी को मार के
देवता बनने के लालच में आदमी
बनता रहेगा दानव
यूँ ही चलते रहेंगे युद्ध
फ़र्क नहीं पड़ता।।

ऋणी

मनुष्य ऋणग्रस्त है
विविध-लघु व दीर्घ ऋणों से
और चुकाता रहता है
एक-एक कर के ताउम्र

उधार के जीवन में
सपनों का व्यापारी मनुष्य
कुछ-कुछ अपना बेचता है और
कुछ-कुछ औरों का ख़रीदता है

गढ़ता है एक छद्म संसार
और उसे अपना कहता है
निजता का बोध ही तो है
स्रोत उन तमाम ऋणों का

एक मात्रा साध्य है क्षय
चाहे-अनचाहे घट जाना
ऋणापूर्ति नहीं तो क्या है
वर्षों का पल-पल में बँट जाना

और इस तरह बाँट देता है मनुष्य
स्वयम् को यथा सम्भावित
अपनों और परायों में और
करते-करते ऋणों की अदला-बदली
बस यूँ ही
बीत जाता है मनुष्य।।

ईश्वरविहीन

सोचता हूँ
अगर ना होता ईश्वर
तो कोई कैसे जान बचाता
अपने झूठे वादों का
कोई कैसे वज़न बढ़ाता
और
कैसे करता पार वो रस्ता
सूने जंगल से जाता
किसकी फिर कोई क़समें खाता
झूठ को सच बताता
फिर
किसका नाम कोई लेता
दुःख में
और सुख में खो जाता
जब भी बात बिगड़ती कोई
किसको दोष लगाता
और फिर
कैसे कर्म की महत्ता खोती
कोई भाग्य से पार ना पाता
किस तरहा फिर दुनिया चलती
कोई कैसे पंथ बनाता
और ये भी कि
कैसे फिर बँटती ये दुनिया

कैसे पहचानें बनती
अगर ना होता ईश्वर
तो क्या दुनिया ऐसी रहती
सोचता हूँ।।

विवश

क्या करें उन अड़चनों
उन उलझनों का
क्या लपेटे आती हैं ये
सीधी-सपाट सड़कों पे
बिल्कुल ठोकरों सी
गति नियंत्रित करने के लिए
शायद

कि आप कहीं आगे
बहुत आगे ना निकल जाएं
फासलों से आगे
फलसफों से आगे
'उसके' जहाँ तक

हम और आप
दायरों में सिमटे
दबे-से
शायद अच्छे लगते हैं 'उसे'

'वो' जो ऊपर बैठा है
नहीं बनने देता
किसी को महा-मानव।।

कितना कठिन है

कितना कठिन है
पहला क़दम
निरंकुश सत्ता के विरुद्ध
संघर्ष जैसा

कितना कठिन है
पहला शब्द
मौन के विरुद्ध
उद्घोष जैसा

कितनी कठिन है
प्रार्थना
अहंकार के विरुद्ध
समर्पण जैसा

कितना कठिन है
अकेला होना
समुद्र में
प्रकाश-स्तंभ जैसा

कितना कठिन है
जीत जाना
महाभारत के पाण्डवों जैसा

कितना कठिन है
हार जाना
अपनों के लिए
अपनों जैसा

कितना कठिन है।।

आ गए

आ गए जाने कहाँ तक
पर चले तो यूँ ही थे
अच्छे थे जब घर से निकले
अब रास्ते पे आ गए

हर कदम पे बोझ था
लड़खड़ाए
थक गए
खोया क्या और क्या मिला
बस जैसे-तैसे आ गए

कभी चिलचिलाती धूप
कभी दोपहर थी लू भरी
दम लिया
आहें भरी
सूरज बुझा के आ गए

ठंढी अंधेरी रात थी
ठिठुरी हुई परछाइयाँ
गहरी-गहरी साँसों के
भूखे निबाले खा गए

पार कर के सब वहम
पूछ के सारे सवाल
कुछ नहीं समझे मगर
बस सर झुका के आ गए।।

मन-बेमन

बहुत सी हैं अच्छी बातें
कहने को
पर डरता हूँ
उन्हें बुरा ना लग जाए

करता हूँ खर्च मन
तुमपर थोड़ा-थोड़ा
डरता हूँ
कहीं पूरा ना लग जाए

क्या होगा कल
ये सोचते-सोचते
आज फिर रह गया
बीतते-बीतते

ये रात का सन्नाटा
अंधेरे की आवाज़
डरता हूँ
कहीं सुबह तक ना फैल जाए

क्या चाहिए पता नहीं
कैसी उलझन है
क्या जँचा नहीं
मैं टटोलता हूँ मन को
बेमन
कुछ टोह तो मिल जाए

भटकते-भटकते
सपनों की भीड़ में
कोई कुछ और ना बन जाए
काश जहाँ तक जाता मन
शब्द वहाँ तक जा पाएँ

कैसी-कैसी बातें करते
कभी मुखर
तो कभी दुबकते
फिर उनींद से बोझिल मन को
उम्मीदों से भर जाए।।

फेंके फूल

आज देखा
बीच सड़क पर
पड़े कुछ फूल
फाँक रहे थे धूल
मुझे बहुत साल पहले का
मेरा एक फूल याद आ गया
ऐसे ही फेंक दिया था
किसी ने उसे भी सड़क पर
और कुचला गया आते-जाते
मेरा दिल टूटा था...

अब मैं जब भी सड़क पे पड़ा
कोई फूल देखता हूँ
किनारे कर देता हूँ
नहीं देखा जाता
फूल का यूँ कुचला जाना
सोचता हूँ कहीं किसी का दिल होगा
और इस तरह शायद किसी दिल को
मिल जाता होगा किनारा

आगे से बस इतना किया करना
यूँ फूल मत फेंका करना।।

मीठा झूठ

झूठ मीठा होता है
कई स्तरों में
अलग–अलग स्वाद
जिसको जैसा पसन्द
उसको वैसे स्वाद वाला
झूठ परोस दो

सच होता है कड़वा
और सबसे ऊपर है
इसका स्तर
लेकिन परोसा इसे भी जा सकता है
स्वादानुसार
किसी को जस–का–तस
तो कहीं बिल्कुल नंगा
कभी मृदु सच
कभी कठोर

लेकिन अपने यथार्थ रूप में सच होता है
त्वचा उतारे हुए जीवित मानव जैसा
बोलो– कर पाओगे बर्दाश्त
ये वाला सच

होश गुम हो जाता है
साँसें रुक जाती हैं
और सामना करने वाला भी
हो जाता है– बिल्कुल वैसा ही
त्वचा उतारे हुए जीवित मानव जैसा
इसलिए झूठ ही सच है
सच की त्वचा है झूठ
रहने दो इसे
और जीते जाओ।।

तुम हो

कुछ क़िस्से जो याद रहेंगे
उनमें से एक तुम हो
आज जो बैठे शामें मिलाएँ
पाया कि तुम गुम हो

अक़्सर जब दिल खो जाए
और आँखें टकी लगाए
कोई भी ग़र तंद्रा तोड़े
लगता है कि तुम हो

पर अब बैठे रहे किनारे
उन यादों के नाम बिगाड़ें
कभी कहें बसन्त उनको
पतझड़ कहें तो तुम हो

कभी लकीरें हाथों की
साफ-साफ दिखती थीं
उनमें जो मिटती है जाती
धुँधली सी वो तुम हो

कुछ क़िस्से जो याद रहेंगे
उनमें से एक तुम हो
आज जो बैठे शामें मिलाएँ
पाया कि तुम गुम हो।।

हम वो नहीं

बहुत दिनों बाद मिले
दूर से देखा
आँखें मिलते-मिलते रह गयीं
ऐन वक़्त पे...
और हम दोनों को
कुछ याद आ गया कि
अब हम वो नहीं हैं..
जो कल थे

पर एक सीध में कब चले थे
बस कुछ क़दम और मुड़ लिए
अपनी कही कहाँ थी अभी
जो तुमने कहा बस सुन लिए

लेकिन बातें तो हज़ार हुईं थीं
कुछ होठों से
कुछ नज़रों से
पर बातें भी कभी पूरी होती हैं
सामने आ गए अचानक से हम
पर तय कहाँ मन की दूरी होती है

तभी तो शायद
मिलते-मिलते रह गयी आँखें
हम दोनों ने अपनी-अपनी आहें भरीं
और अपने-अपने रस्ते नापे॥

किसके लिए

कंधा चाहिए होता है-सबको
कभी-ना-कभी
किसी-ना-किसी का
ढाढस बँधाने के लिए

चाहिए होते हैं आँसू-सबको
कभी-ना -कभी
किसी-ना-किसी की ख़ातिर
दुःखों को बहाने के लिए

लानी पड़ती है ख़ुशियाँ-सबको
कभी-ना-कभी
कहीं-ना-कहीं से
अपनों को हँसाने के लिए

होना पड़ता है-सबको
वो जो नहीं होना चाहते
कभी-ना-कभी
किसी-ना-किसी की ख़ातिर
किसी का हो जाने के लिए

पार करने पड़ते हैं-सबको
आग दरिया और तूफ़ान
कभी-ना-कभी
किसी-ना-किसी की ख़ातिर
उस पार जाने के लिए

जाना पड़ता है- सबको
अक़्सर समय के पार
कभी-ना-कभी
किसी-ना-किसी की ख़ातिर
सुकून के पल लाने के लिए

मरना पड़ता है- सबको
कई-कई बार
कभी-ना-कभी
किसी-ना-किसी की ख़ातिर
जीते जाने के लिए

हारना पड़ता है- सबको
कभी-ना-कभी
किसी-ना-किसी की ख़ातिर
अंततः जीत जाने के लिए।।

आत्म-बोझ

आसान नहीं है
छोड़ना पीछे
अपने आप को
बस एक क़दम
अपने ही से पीछे

उतारने पड़ते हैं
कई बोझ
भारी-हल्के
पुराने और नए भी
आसान नहीं हैं उतारना इन्हें
जैसे कुछ छूट जाएगा

ढो-ढो के अंग बन गए
लगते हैं जो बोझ
आसान नहीं है उतारना इन्हें
जैसे कुछ बना-बनाया टूट जाएगा

सच है कि
सब मेरा है
सब मैंने प्राप्त किया है
इसीलिए तो आसान नहीं है
छोड़ना पीछे
क्यूँकि मेरा है
जैसे लगता है
कोई रूठ जाएगा

पर जो प्राप्त किया वो
उत्तराधिकार सा
क्यूँ लगता है
वो सब जो मेरे बदौलत है
शायद इसलिए आसान नहीं है
देना वो सब कुछ जो प्राप्त है
जैसे छीन गया सा कुछ लगता है

आसान नहीं है छोड़ना पीछे
अपने आप को
बस एक क़दम
अपने ही से पीछे।।

चाहता हूँ

श्वास-उच्छ्वास
धड़कन और विश्वास
कि मैं कुछ करना चाहता हूँ

गिरना-पड़ना
उठना और स्वीकार
कि मैं चलना चाहता हूँ

पल-प्रतिपल
दिन-रात और निश्चय
कि मैं बदलना चाहता हूँ

हार-जीत
युद्ध-शान्ति और संभावना
कि मैं लड़ना चाहता हूँ

घात–प्रतिघात
आँख–अश्रु और क्षत–हृदय
कि मैं सीना चाहता हूं

घाव-पीड़ा
सुख-दुःख और संघर्ष
कि मैं जीना चाहता हूँ
प्रेम-घृणा
भाव-अभाव और अनुभव
कि मैं संजोना चाहता हूँ
मैं जीना चाहता हूँ।।

पराजित प्रेम

प्रेम अक़्सर हार जाता है
कुछ टूटता
कुछ छूटता
कुछ उधार जाता है
प्रेम अक़्सर हार जाता है

जैसा है वैसा रहता नहीं
बदला जाता है हर बार
और बदलते-बदलते
प्रेम बेकार जाता है
प्रेम अक़्सर हार जाता है

देना चाहता है सर्वस्व
पर माँगा जाता है अंश-अंश
तिरस्कृत हताश प्रेम
पीछे चलता है और
शायद ही कभी पार पाता है
प्रेम अक़्सर हार जाता है

लालसा पुनरावृत्ति की
लोभ हावी होने का
दबता-सहमता और मन मारता प्रेम
स्वीकार्य नहीं इन्कार पाता है और
प्रेम अक़्सर हार जाता है

आसक्ति में नहीं स्वीकृति में
मोह में नहीं भक्ति में
बिना शर्त और बिना तर्क
तल्लीन जो रहता प्रेम
ईश्वर को भी पा जाता है
अन्यथा
प्रेम अक़्सर हार जाता है।।

मन-विह्वल

दुःख क्यों इतना सरल सुलभ है
क्यों सुख इतना दूर
क्यों मन बस अप्राप्य को भागे
क्यों नहीं प्राप्य भरपूर

क्यों नहीं मन कभी हार स्वीकारे
जीत क्यों इतनी प्यारी
खोना तो दोनों में पड़ता
पर जीत हार पे भारी

क्यों नहीं शुभ का ज्ञान सहज
क्यों अशुभ तत्काल
क्यों बनना आभारी मुश्किल
क्यों है गर्व विशाल

क्यों है 'मैं' का मोह अटल
ईर्ष्या द्वेष को ढोता
किस प्रभाव से मन-विह्वल
पल-पल प्रेम को खोता।।

काश कहीं

काश कहीं वो दिख जाता
जो मुझको मुझसे प्यारा था
मैं चलती राह यूँ ना खोता
वो तो मेरा ध्रुव तारा था

ऐसी भी क्या मज़बूरी थी
थोड़ी सी मन की दूरी थी
दो-चार क़दम ग़र चल लेते
तो अपनी दुनिया पूरी थी

पर काश कहीं वो मिल जाए
तो कैसे गाँठें खोलेंगे
जो उलझीं थीं फिर बंध गयी थीं
क्या फिर वही रोना रो लेंगे

कई दिन महीने साल गए
तस्वीर मगर ना मिटती है
अब चुपके से वीराने में
आँखें कोई रेखा खिंचती है

अरे काश कहीं वो याद करे
कैसा वो ख़्वाब सुहाना था
अब भी वो रातें रोती हैं
कैसा तू चाँद दीवाना था
हाय काश कहीं वो दिख जाता।।

आदमी और फूल

सामान्यतः आदमी होता है
कुछ-कुछ फूलों जैसा
खिलता है लहलहाता है
अपने-अपने मौसम में
मौसम बदलने पे
तेज़ हवा चलने पे
और धूप में
क्रमशः
मुरझा जाता है
टूट जाता है
सूख जाता है
परन्तु
फूल सड़ते नहीं है यूँ ही
बरसात में
पर आदमी सड़ जाता है
इतनी सी बात में
क्यूँकि जो देखता नहीं है सपने
दिन में
बस काटता है समय
असमय
हो जाता है असम्भव
और, सड़ जाता है
सामान्यतः आदमी होता है

कुछ-कुछ फूलों जैसा
ख़ुशनुमा गमकता
और इठलाता हुआ
परन्तु
तमाधिन और मदमत्त
और पिघलता हुआ
मर जाती है आत्मा
और आदमी सड़ जाता है
सामान्यतः आदमी होता है
कुछ-कुछ फूलों जैसा।।

प्रकट प्रकृति

आसमान को छूते पर्वत
धरती चीरती नदियाँ
चोट खाते चिकने पत्थर
देखी कितनी सदियाँ

हरे-भरे लहराते जंगल
कल-कल बहते झरने
कलरव करते चंचल पक्षी
नापे नभ को दम भर

हैं स्वच्छंद उन्मुक्त सभी
प्रकट प्रकृति निराली
है जीवंत ये ख़ाली जंगल
साँसें भरती हरियाली

सूक्ष्म एकांत अदृश्य दृष्टि
साक्षात् भ्रम है सत्य यहाँ
आते छूते रमते हैं सभी
पर टिकता नहीं प्रपंच यहाँ

रस्ते-रस्ते खो जाना
सब सस्ता पर खज़ाना
बस शर्त है थोड़ी टेढ़ी सी
कुछ भी लेकर नहीं जाना

खोकर भी मिल जाए कुछ
इस अनुभूति के स्तर पर
बस बात पते की ये है कि
सब पर्वत ढोवें मस्तक पर।।

आँखें

थकी-थकी सी सोयी आँखें
कुछ सपनों में खोयी आँखें
बुझी-बुझी सी क्यूँ लगती हैं
शायद ये हैं रोयी आँखें

आँखों का तो काम है तकना
राह निहारे कभी ना थकना
कुछ आँखों की राहें लम्बी
खुली-खुली ये रहती आँखें

कुछ आँखों का चाँद अधूरा
कुछ आँखों का सपना पूरा
कुछ आँखों की रात कटे ना
कुछ आँखों का हुआ सवेरा

कुछ आँखों की पलकें बोझिल
फिर भी खुले ना खायें ठोकर
समय बीते पाछे पछतायें
बीती रातें ढोती आँखें

कुछ आँखें यूँ ही शरमाए
काजल पोरे मन भरमाये
इन आँखों की झीलें गहरी
कितनों को डुबाए आँखें

दो-दो आँखें चार जो होती
एक नया संसार वो होती
झील जो थीं समन्दर होता
बनती नाव उतरती आँखें

कुछ अलसाती कुछ ललचाती
घड़ियाँ गिनती बीती बातें
दुःख में गीली सुख में गीली
बरसातों की सूखी आँखें
बुझी-बुझी सी क्यूँ लगती हैं
शायद ये हैं रोयी आँखें।।

कैसे करें स्वीकार

ये द्वंद सभ्यताओं का
संस्कृतियों का छद्म युद्ध
ये जीत द्वेष का
मनुष्यता की हार
कैसे करें स्वीकार

भाषा पे भाषा भारी
धर्मों की मारामारी
कराहती है सीमा
नीति करे चीत्कार
कैसे करें स्वीकार

ये श्रेष्ठता की होड़ व्यर्थ
जयाजय का शोर व्यर्थ
ये शुद्धता का दावा
ये अर्थहीन प्रचार
कैसे करें स्वीकार

ये जोड़–तोड़ नस्ल का
ये भेद–भाव अक्ल का
ये रंगों का तोल–मोल
ये मूल्यहीन आचार
कैसे करें स्वीकार

ये शक्ति-संचय किसलिए
ये अर्थ-तंत्र किसलिए
ये तैयारी विध्वंश की
ईश्वर भी हैं लाचार
कैसे करें स्वीकार।।

दुखता सुख

मैं खोजता हूँ वो टापू
पानी से घिरा
पेड़ों से पटा
हाँ वही टापू

जहाँ किनारा हो मिट्टी हो
बालू हो रेत हो
पर ना हो
कोई सड़क
कोई गाड़ी और
ना हो कोई पक्का मकान
जहाँ ठहरा तो जाए
पर
रुका ना जाए

हाँ वही टापू
जहाँ आसमान नीला
और
ज़मीन बेदाग़ हो
फल हो फूल हो और
ठण्डी सी आग हो
पर ना हो
वो आग जो जंगल जलाती है
वो पानी जो आग लगाती है

हाँ वही टापू
जहाँ जानवर हों
पक्षी हों
और हों इन्सान भी
पर ना हो
आदमखोर जानवर या इन्सान

हाँ वही टापू
जहाँ हवा हो
धूप हो और
सो जाने लायक़ भूख हो
पर ना हो
चिमनी और धुआँ
भरा पेट और
दुखता सुख।।

जीव-शेष

जिस तरह नदी के धारों में
वो सूखे पत्ते बहते हैं
दिशा-ज्ञान और भार-रहित
सब वैसे ही तरते हैं

निष्प्राण
अशक्त
और भाव-विहीन
ज्यों आँसू आँखे तजते हैं
वैसे ही सब सम्बंध रिक्त
जीवन भर सब जिसे भरते हैं

कोई भी कर्म हो
पूर्ण नहीं
सम्पूर्ण प्रयत्न निराशा है
बस वही यत्न है पूर्ण जहाँ
जग कल्याण की आशा है

एकल अस्तित्व असम्भव सा
इसकी सिद्धि स्पष्ट नहीं
हो सहगामी तो सार्थक है
वो जीवन जो अवरुद्ध नहीं

सर्व प्रेम
और स्व-त्याग
'होने' की शर्त ही खोना है
पाते ही होता मूल्यहीन
जो मिले नहीं
वो 'सोना' है

जो क्षण बीते
'अवशेष-मात्र'
बस अल्प समय का रोना है
जो पल हैं पास
'जीव-शेष'
कैसे जानें क्या होना है।।

चलो वो सब कुछ वापस लाएँ

चलो वो सब कुछ वापस लाएँ
'वही' जो रस्ते छूट गया था
चलो 'वहाँ' ठहरे थे उस दिन
जहाँ 'वो' सपना टूट गया था

चलो पुनः वो बाग़ लगाएँ
पौधे जिनके सूख चुके हैं
चलो कि फिर वो फूल उगाएँ
जिनके भँवरें रूठ चुके हैं

चलो वही फिर बाँध बनाएँ
बाढ़ों में जो टूट चुके हैं
चलो 'वो' आँगन तुलसी रोपें
छतों से जो वो लोप चुके हैं

चलो जड़ों की मिट्टी बाँधें
जो बरसातें काट गयी हैं
चलो वो खिड़की फिर से खोलें
जो दीवारें छाप गयी हैं

चलो कि दूर नहीं है जाना
वही जहाँ बसता वीराना
चलो वहाँ एक गाँव बसाएँ
बरगद का वो पेड़ लगाएँ

चलो वहाँ है घना अंधेरा
जहाँ पे साँझें छुप चुकी हैं
चलो वहीं फिर दीप जलाएँ
जहाँ की रातें डूब चुकी हैं

चलो कि वहाँ दोपहरी प्यासी
शामें रोएँ रात उदासी
चलो कि पंछी वापस आएँ
वहाँ कटोरी पानी भर दें

चलो वो बादल फिर से ताड़ें
जिसके पीछे छुपते तारे
चलो वो देखें चाँद पुराना
बिसरे सारे नाम पुकारें

चलो वो सब कुछ वापस लाएँ
'वही' जो रस्ते छूट गया था
चलो 'वहाँ' ठहरे थे उस दिन
जहाँ वो सपना टूट गया था।।

तुम ही तो हो

तुम ही तो हो
जो गाहे- बगाहे
आ जाते हो
कभी जब शाम अच्छी हो
या दोपहर में बरसात होती हो
तो इंद्र-धनुष बन
छा जाते हो
तुम ही तो हो

कभी सर्द हवा
कभी गर्म चाय
एक परिचित स्पर्श
करा जाते हो
तुम ही तो हो

कभी राह चलते
कभी क़दम ठिठके
यूँ ही अपना भान
करा जाते हो
तुम ही तो हो

कभी गीतों में
कभी पन्नों में
धुंधले-धुंधले से
उभर आते हो
तुम ही तो हो

अकेले में
भीड़ में
कभी ठंडी आह
कभी झिझक
बन के आ जाते हो
तुम ही तो हो।।

कुछ ख़ास नहीं जो

कौन है आप सा
आइने से पूछिए
जैसे को तैसा
दुनिया से पूछिए

मिले कोई हाथ ख़ाली
भर दे
ख़ाली पे ख़ाली
बस हथेली धर दे

इंसान को इंसान
आख़िर क्या दे
बस जब आँखें मिलें
तो असर कर दें

अपनी-अपनी जगह
दुरुस्त रहें दरख़्त
जब आँधियाँ आएँ
तो थोड़ी जगह कर दें

ज़माना किसी का
तो होता नहीं हमेशा
वक़्त है कभी मिट्टी
कभी सोना कर दे

वो तो बेहतरी का सपना है
परछायी सा
बेहतर ये है कि
आज को असल कर दे

ख़ुशमिज़ाजी कुछ और नहीं
ज़िन्दगी है
जो पा के लुटा दे
वो गज़ब कर दे।।

बन्दर-विचार

किसके ऊपर फोड़ें मटका
इस घनघोर निराशा का
किस पर दोष मढ़ें विपदा का
और करें तमाशा क्या

हम से कुछ भी ना बन पाया
बिन कुछ किए बहुत पछताया
किस खम्भे को अब मैं नोचूँ
खोया सब लुटाता क्या

मन की खायी बहुत मिठाई
काम ना आयी ये चतुराई
इसकी टोपी उसका सर
कितनों को पहनाता था

बनके कूप-मण्डूक जीया मैं
कम्बल ओढ़ के घी पीया मैं
बीत गया वो ख़्वाब सुहाना
अब ऐसे शरमाना क्या

पर जब हम जागें तभी सबेरा
ऐसी बातें भी सुनता हूँ
करवट बदल-बदल के यूँ ही
स्वप्न नए नित बुनता हूँ।।

यूँ ही नहीं

गारा सुरखी मेहनत पसीने
और ख़ून
यूँ ही लाल क़िले नहीं बनते

बन सकते हैं सपनों में
हवाई क़िले
ख़ाली संगमरमर से
ताजमहल नहीं बनते

प्रेम करुणा विनय
और सदभावना
ख़ाली हाड़-मांस से
इंसान नहीं बनते

सम्पूर्ण समर्पण
अपार श्रद्धा
ख़ाली पूजा घरों से
भगवान नहीं मिलते

नमी धूप हवा और पानी
ख़ाली बीज़ से पौधे नहीं बनते हैं

अथक परिश्रम
और अथाह त्याग
यूँ ही किसान नहीं बनते हैं

घास तिनके सूखे पत्ते और टहनियाँ
चुन-चुन के लाते हैं पंछी
बारिश ठंड और भींग जाने का डर
यूँ ही घोंसले नहीं बनते हैं

क़दम-क़दम गति
और पहुँचने की चाह
लोग यूँ ही नहीं चलते हैं

टिक-टिक करती सूईयाँ
पल-पल बीतता समय
ख़ाली सोचने भर से
काम नहीं बनते हैं॥

सब विशिष्ट

क्यूँ तोले हम स्वयम् को हर पल
अलग तुला, अलग पैमाने
अलग-अलग सब राग अलापें
पशु पक्षी भीड़ वीराने

सबकी अपनी- अपनी भाषा
सबके अपने- अपने ताने
तब क्यूँ खरा उतरना 'उन पर'
जब अलग तुला, अलग पैमाने

सबकी मंज़िल अलग- अलग
सब अपने रस्ते ही जाने
फिर 'वो' राह पकड़नी ही क्यूँ
जो ना हों जाने-पहचाने

रचे गए सब अलग-अलग
अपने-अपने सबके अभियान
फिर क्यूँ गुणी निरर्थक बैठें
बाँटे फिरे अनर्गल ज्ञान

हर 'विशिष्ट' को शुभ की चिन्ता
सबके हित होवे उत्थान
तब फिर शोक मनाना कैसा
सबका साथ ही हो 'निर्वाण'॥

अंतर्मन का चोर

मन के भीतर छुप के बैठा
अंतर्मन का चोर है
जो अभिव्यक्त नहीं है लेकिन
सुप्त मचाता शोर है

कभी नींद में सपने बनकर
जगे हुए में तंद्रा बनकर
अपनी ही मनमानी करता
मति-मारक अति घोर है

कभी नहीं बुद्धि की सुनता
इसे कहाँ शुचिता की चिंता
पल-प्रतिपल ये दाँव चलाए
सूझने ना कुछ और दे

है स्वभाव अतरंगी इसका
लहरों पे डोले ज्यों तिनका
कभी इधर कभी उधर को जाता
इसका ओर ना छोर है

परे हैं इसकी बातें सबसे
अटका पड़ा वहीं पे कब से
जहाँ प्रकाश भी पहुँच ना पाए
वहीं पे इसका ठौर है

मन के भीतर छुप के बैठा
अंतर्मन का चोर है
जो अभिव्यक्त नहीं है लेकिन
सुप्त मचाता शोर है।।

तर्कों के तीर

तमाम तर्कों के तीर हैं
पर क्या दिल पत्थर का है तेरे पास
तलवार उठा तो ली लोहे की
पर क्या दिल भी लोहे का है तेरे पास

ये ठीक है कि
ख्याल आज़ाद हैं
और उड़ सकता है तू
पर ये भी देख
क्या पंख हैं तेरे पास

हवा के दम पे तो तूने
नाव अपनी डाल दी
पर ये भी तो देख
क्या पतवार है तेरे पास

छोड़ अपनी मन की तू
भीड़ का हो जाएगा
पर ये भी तो सोच
किसको साथ ले के जाएगा

गढ़ लिए लाखों सवाल
तुमने औरों के लिए
पर ये भी तो सोच,
के
तुमसे भी पूछा जायेगा।।

यूँ ही चलते-चलते

यूँ ही चलते-चलते
क़दम रुके और
एक फ़साना बन गया
वो वक़्त सहम के ऐसे गुज़रा
कि एक ज़माना बन गया

वो गली और वो शहर
तू जिसका बादशाह था
सब मीनारें बह गयीं
बाक़ी किनारा रह गया

जो आए थे बनके सिकन्दर
कदमों में जिनके ताज थे
चल दिए वो ख़ाली हाथ
पीछे खज़ाना रह गया

किस जहाँ की खोज में
भटके मुसाफ़िर इस तरह
वो तो पीछे छूट गया
तू कारवाँ का रह गया

चाँद पाने की तमन्ना
ख़्वाब तक ही ठीक थी
उसकी फ़ितरत छुपनी थी
तू यूँ ही तन्हा रह गया।।

प्रयाण

हर निर्माण अकिंचित है
हर अवसान विकल है
मन गतिशील
विघटित बुद्धि
क्या प्रयाण सरल है।।

अब बहुत हुआ

अब बहुत हुई दुःख की बातें
हमने कह ली, तुमने सुन ली
अब पीड़ पुरानी पड़ने दो
फिर राग उसी का छेड़ेंगे
फिर कभी विरह की बात करेंगे
उस गम से नाता जोड़ेंगे

अब बहुत हुआ कल का रोना
हमने पी ली, तुमने पी ली
चल राग मधुर बन जाते हैं
कोई गीत मिलन का गाते हैं
अधरों पे वो मुस्कान बिखेर
फिर रूठे ख्वाब सजाते हैं

अब चल ये आँसू धोते हैं
एक बीज़ नया हम बोते हैं
क्या पता सवेरा क्या लाए
जो बचे हैं पल, वो जीते हैं

अब बहुत हुआ मन वीराना
कुछ जाना सा, कुछ अनजाना
चल पार अँधेरा करते हैं
धीरे–धीरे ही बढ़ते हैं

अब बहुत हुआ ये सकुचाना
अनहोनी सोच के घबराना
इस बार नहीं कुछ चूकेगा
ऐसा कुछ मन भर करते हैं

अब बहुत हुई जग की बातें
दुखते दिन, चुभती रातें
अक्षर–अक्षर चल आस लिखें
एक नया सुखद इतिहास लिखें।।

उम्मीद पाल रखी है

ये जो तुमने उम्मीद पाल रखी है
इसी ने ये दुनिया सम्भाल रखी है

रहेंगे बंदूक़ पर
ख़त्म हो जाएँगी गोलियाँ
पत्थरों के नीचे
नम मिट्टी सम्भाल रखी है

ये जो आग बरसाती गर्मी है
बस मौसम है
गुजरेगा ये भी
छतरी निकाल रखी है

ये मुफ़लिसी का दौर
एक दौर ही तो है
ख़ाली ही सही
पर जेबें बरक़रार रखी हैं

कोई तो होगा ख़ुदा
इस मतलब-परस्त दुनिया का
हमने भी अपनी अर्ज़ी
बार-बार रखी है

पेड़, पत्ते, फूल सब क़ायम रहने चाहिए
चाँद ना सही
जुगनूओं की बारात रखी है

हर मुक़द्दर को भले ही ना मिले मंज़िल,
आसां हो सफ़र
रहगुज़र तैयार रखी है

नाविक हो तो तूफ़ान से फ़रियाद क्या करना
खुश हो कि तेरे सामने पतवार रखी है

आह भर
कराह ले
पर रुक नहीं सकता
फ़ाख्ता है दाँव पे परवाज़ रखी है
ये जो तुमने उम्मीद पाल रखी है
इसी ने ये दुनिया सम्भाल रखी है।।

अमृत-फल

सुख-दुःख
क्षोभ
शांति-अशांति
मिलन-विरह
कोप
ठहराव या क्रांति
सब मन की चाल
कुछ गूढ़ नहीं
सब भेद-जनित
संसार-चकित
सब चलायमान
कोई मूढ़ नहीं

फिर किस प्रमाद के वशीभूत
कोई 'निज' को धारण करता है
'ये' मोह-रचित
'वो' असल-अखण्ड
हे नश्वर! गर्व क्या करता है

मन व्यथित
हृदय क्यूँ विह्वल है
'माया' का दंश जो झेला है
'जीव' दोष-भीड़ का भाग ना बन
जो भी 'पहुँचा'
वो अकेला है

शुभ-अशुभ
जय-पराजय
अनुकूल या प्रतिकूल
सब अंश-मात्र
'विध्वंस' सकल

जड़-विश्व
चराचर अणु-भाग
संधान असम्भव
लक्ष्य प्रबल

क्षण–क्षण जीवन
आनन्द–अगाध
पल–पल जीवन
संतृप्त–सफल

दुविधा–ग्रस्त 'मन'
शिथिल–देह
हे मानुष!
लब्ध है 'अमृत–फल'॥

अन्यथा कहाँ मिलेगा

बना के अपने पेन को हवाई जहाज़
कागज़ के रन्वे से भर लो सपनों की उड़ान
ख़त्म ना हो हिम्मत की स्याही
हवाओं पे बना लो कदमों के निशान

मिलो बादलों से तो पूछो उनका भी हाल
बोलो उनको कभी इधर भी बरस लें
जहाँ आँखों की दिशा आसमानी
और उनकी राह तकते हैं किसान

मिलो उन उन्मुक्त परिन्दों से
जो नापते हैं दूरियाँ छोर-से-छोर
पूछो उनसे भी उनकी परवाज़ का राज़
चलने- दौड़ने और उड़ने का फ़र्क
फ़र्श और अर्श का फ़र्क
जानते हैं परिंदे

अन्यथा कहाँ मिलेगा
स्थिर होने के लिए उड़ना ही होगा
तेज के लिए तपना ही होगा
सपनों को देना ही होगा रोज़ नए आयाम
पूछने होंगे प्रश्न ढूँढने ही पड़ेंगे जवाब।।

मनुष्य-जीवन

अनंत बन्धनों में घिरा
काटता है मनुष्य
बन्धनों को
एक-एक करके
दिन-ब-दिन

जी लेता है
जब धूप खिलती है
जी लेता है
जब बारिश होती है

जो बुद्धिगम्य है
वो मिश्रित है- बंधन
जो भावगम्य है
सरल है- पर है बंधन

सतत प्रयत्न विजय का
इन संघर्षों में-'मनुष्य' है
और

वो जी लेता है
पर्वत देखकर
वो जी लेता है
झरने और नदियाँ देखकर

अनंत उपलब्धियों के बीच
भय
'कुछ' नहीं पाने का
भय-जो पा लिया
उसके खो जाने का
भयभीत है 'मनुष्य'
आशंकित

जी लेता है
बर्फ़ देखकर
जी लेता है
समुंदर देखकर

चलते रहने की बाध्यता
विश्राम की आवश्यकता
अतीत के बोझ
और
भविष्य के अज्ञात बोध
के बीच फँसा मनुष्य

जी लेता है
कभी उगते सूरज को देखकर
कभी डूबते सूरज को देखकर

मनुष्य काटता है बंधन
और
जी लेता है॥

तुमको देखकर

वो जो आती है
छन-छन धूप जैसे
ले जाती है सिहरन
धड़कनें तेज़
लेकिन दिल को सुकून हो जाता है
हसरतें बेहाल मैं
गिनता हूँ अपनी ही साँसें
ज़िंदा हूँ
तुमको देखकर
यक़ीं हो जाता है।।

कुण्ठा

कुण्ठा
निराशाजन्य अतृप्त भाव
या
सीमाबद्ध मानव का आत्म-बोध है

संसार असीम
अपराजेय प्रकृति
और
अंततः हर जाने का
सरल क्षोभ है

कौन हृदय कुंठित नहीं
'वही' जिसे ये भान नहीं
हार क्षणिक है
जीत अस्थिर
कुंठित होना अपमान नहीं

फिर 'कुण्ठा' क्या अतिरागजन्य है
या
अपूर्ण रह जाने की आशंका
विस्तृत समय
संकुचित जीवन
और
पूर्ण हो जाने की आकांक्षा

तो 'कुण्ठा' क्या वैराग्यजन्य है
या
सीमित मनस का बोध अगम्य है

प्रेम-विरक्ति

ज्ञान-भक्ति

या

'ईश्वर-हीन' संसार क्षम्य है

तो 'कुण्ठा' क्या फिर भाव अशुद्ध है
या
मनुज-मात्र का शुद्ध वहम

अजर-अमर

नश्वर-क्षणभंगुर

या

कुण्ठित मन एकमात्र 'बुद्ध' है॥

कभी निकलो बाहर

कभी निकलो बाहर
अपने मन्दिरों मस्जिदों चर्चों और गुरुद्वारों से
और देखो
उस दुनिया को
जिसको उसी भगवान ने बनाया है
जिसके लिए तुमने बनाए हैं
आलीशान
ये मंदिर मस्जिद चर्च और गुरुद्वारे

देखो
इनके बाहर है एक खूबसूरत दुनिया
जो पिघल रही है
गर्मी से- नफ़रतों की

जो जल रही है
जंगल की आग जैसे- ईर्ष्या से

जो बह रही है
सिसक-सिसक के
लेकिन नदी के गाद जैसे

देखो
उन ठहरी हुई जिंदगियों को
जो माँगती हैं- पानी
पीने का और
आँखों का

जो माँगती हैं अधिकार
खाने का और जीने का

देखो
निकलो कभी बाहर।।

छत का चाँद

हर खिड़की पे चाँद हो
ज़रूरी नहीं
हर कमरे में खिड़की हो
ज़रूरी नहीं
पर ज़रूरी है
हर ज़िंदगी को
एक कमरा और एक छत
छत का चाँद ही सही
सपनों का महल ज़रूरी नहीं।।

तू चल

तू चल
तू दौड़
कि ज़मीं कहीं रूक ना जाए
कर पार फ़ासले हवाओं के
कि आसमाँ दरक ना जाए
तूफ़ाँ है तू
उखाड़ दे
हर नफ़रती दरख़्त को
बढ़ा क़दम
छलाँग ले
कि तब तलक
दुनिया झुक ना जाए।।

धार्मिकता की परिधि

धार्मिक होना बहुत ही अच्छा है
कम-से-कम अधार्मिक होने से तो अच्छा है ही
सच में?
लेकिन जैसे ही हम टिका टोपी लबादा-लिबास तक पहुँचते हैं
हम प्रतिनिधि बन जाते हैं
और तब ज़िम्मेदारी बढ़ जाती है
और तदनुरूप बदल जाता है व्यवहार
और हम संत, फ़क़ीर की श्रेणी में आ जाते हैं
यह उत्तम स्थिति है
वहाँ तक तो ठीक है
जहाँ तक अपनी टोपी अपने सिर पे रहे
लेकिन जैसे ही हम ये टोपी
दूसरों को पहनाने की कोशिश करने लगते हैं
हम एक नहीं कई क़दम आगे निकल जाते हैं
धार्मिकता की परिधि से
और सीमा- अतिक्रमण तो है ही ख़तरनाक

यहाँ से धर्मांधता की सीमा शुरू होती है
और विचार-व्यवहार बदल जाते हैं
दोस्त और दुश्मन परिभाषित होने लगते हैं
और कुछ थोपा हुआ सा महसूस होने लगता है

क्यूँकि थोपना है ही ऐसी क्रिया
अतार्किक
अस्वाभाविक
और जो स्वाभाविक नहीं है वो विध्वंसक है
और जो विध्वंसक है वो अशांति दूत है
शैतान का सम्बन्धी है और आतंक का पुरोधा

यह तथाकथित संस्कृति-रक्षक
सर्वथा सभ्यता-विरोधी है
और अंततः मनुष्यता-विरोधी।।

हिंदी हिंदुस्तान हो तुम

हिंदी हिंदुस्तान हो तुम
भारत की पहचान हो तुम

यूँ तो हैं हज़ारों बातें
जैसे अंग शरीर के नाते
तुम सिर हो धड़ हो मस्तक हो
और सभी की जान हो तुम
हिन्दी हिंदुस्तान हो तुम
भारत की पहचान हो तुम

कठिन भी हो सरल भी तुम
कहीं कठोर और अनल भी तुम
सारे भावों को जो भर दे
ऐसी बहती तरल हो तुम

तुम क्षमता तुम ही शक्ति हो
हम सब का अभिमान को तुम
हिन्दी हिंदुस्तान हो तुम
भारत की पहचान हो तुम।।

ज़िंदगी और किताब

अनन्त आकाश
और
खुली किताब सी
है ज़िन्दगी
बे-हवास
इसे
पढ़े
समझें
कि जीएँ।

अखबार की लत्

नज़रें धुँधलायीं
पर ख़्वाब
ना टूटा
नम्बर तो बढ़ा
चश्मे का
पर अख़बार
ना छूटा॥

तिनका-तिनका क्यूँ बाँटें

सूरज सबका
धूप है सबकी
तिनका-तिनका क्यूँ बाँटें
सुख भी अपना
दुःख भी अपना
आओ मिल-जुलकर काटें।।

बुद्धिमान की तार्किकता

जब भावनाएँ आहत होती हैं
तो मनुष्य रोता है
लेकिन जब बुद्धि आहत होती है
तो मनुष्य तड़पता है
क्योंकि वो रो नहीं सकता
बुद्धिमान की तार्किकता
उसे रोने नहीं देती।।

मौक़े-बेमौक़े

हो जाती है
मेरी रूह रोशन
तेरे तिलिस्मात से
मौक़े-बेमौक़े
जब तू
मिल जाती है
क़िताबघर में।।

राह दोस्त है

जो राह है
वो दोस्त है
और मंज़िल है पड़ाव
एक को चुनना है
दूसरे से गुज़रना है
शर्त ये है कि
हर हाल में चलना है।।

निशाँ पानी पे

ग़र बना सकते हो
तो बना लो
निशाँ पानी पे
पाँव के
वरना लकीर के फ़क़ीरों के
ज़माने नहीं बदलते॥

ज़िंदगी व्यापार है

ये दिन बेचकर
रातें खरीदना
उफ़्फ़
ये कैसा व्यापार
ये कैसी ज़िन्दगी है।।

हर आदमी शहंशाह है

गज़ब का अंदाज़–ए–बयां रखता है
बातें क्या नज़र में असर रखता है
हक़ीक़त बताते सहमता नहीं
पर बुरा ना लगे मरहम रखता है

वो शख़्स तो फ़कीर है रुके कहां
मंज़िल की फिक्र नहीं टिके जहां
पर जहां भी जाता है इल्म लुटाता है
क्या किसी शहंशाह से कम लगता है।।

जलना आता है बस उसको

किसका घर हुआ रोशन
चिराग़ कहाँ ये सोचे
जलना आता है बस उसको
अपनी सुध-बुध खो के॥

www.ingramcontent.com/pod-product-compliance
Ingram Content Group UK Ltd.
Pitfield, Milton Keynes, MK11 3LW, UK
UKHW041945230426
12048UKWH00008B/150

9 789357 415538